東日本大震災と特別支援教育
共生社会にむけた防災教育を

【編著】
田中真理
川住隆一
菅井裕行

はじめに

　2011年3月11日の東日本大震災発生から5周年を迎えた。
　大地震によって発生した大津波災害により犠牲となった障害のある人々の死亡率は、一般の人々に比べて2～3倍である、あるいはもっと高率であるともいわれている。そしてその犠牲者の中には、特別支援教育を受けていた子どもたちも含まれていることを忘れることができない。
　私たち編者は、大震災発生当時、仙台市にあるふたつの大学において、特別支援教育にかかわる専門分野の研究・教育に携わり、日頃から地元の宮城県を中心に障害のある子どもや保護者への相談活動などを行っていた。東日本大震災においては、障害児・者の死亡率が非常に高いというこの状況には大きなショックを受けるとともに、かかわっていた障害のある児童生徒や保護者が、その後どのような状況であるのかも心配であった。一方、このような心配を胸に抱きつつ、私たちはそれぞれが独自に、保護者らへのインタビュー調査や被災者支援に取り組むとともに、その内容や体験を報告書や書籍として発表していた。
　大震災発生後の1～2年間には実に多くの震災被害関連の書籍が出版されたが、障害児や特別支援教育のことが取り上げられているものはごくわずかしかない。いったい、東日本大震災が特別支援教育に「問いかけたこと」は何だったのであろうか。そこで、編者らの活動のネットワークを生かし、障害のある子どもたち（特に、医療的ケアが必要な子どもたちや、一見して他者からは分かりにくい自閉症などの発達障害をもつ子どもたち）や保護者の震災発生直後の状況とその後の影響はどうであったのか、また特別支援教育に携わる教師はどのような被災体験をし、今後の防災に向けて思いを深めたことは何かをまとめておく必要があるという意見が出され、各方面の方々に原稿の執筆依頼を開始した。そのと

きすでに震災発生から3年近くが経過しており、本書の土台となった原稿がまとまったのは震災から3年半が経つころだった。そして、震災発生から5年が経過した今、この貴重な記録をようやく1冊の本にまとめることができた。なお、体験を執筆いただいた方々の原稿は震災から3年半の時点のものが多いが、今回の出版にあたり改稿はせずに、記憶が鮮明なものとして、震災から3年半の時点のままで掲載することにした。

　今後、大きな災害で犠牲者を出さないように特別支援教育に携わる学校の教師や教育・福祉行政関係者は、どのようにして子どもたちの命と健康を守るべきであろうか。しかし、これらの人々だけでは子どもの命と健康を守ることは困難であり、地域の人々の支援が不可欠である。一方、特別支援学校の物的資源と教職員の知識・技能、障害のある子どもの感性は、災害発生時に地域を守り、地域住民に勇気を与える力になる大きな可能性がある。

　本書は、東日本大震災が特別支援教育に問いかけたことを振り返り、障害のある人々が積極的に社会参加や貢献ができる共生社会にむけて、防災教育の在り方や視点をまとめたものである。特別支援教育に携わる教師や行政の方々のみならず、通常教育に携わる教師や保護者にもご一読いただき、今後の防災教育に役立てていただきたいと考えている。

　最後に、本書の発行にあたり、執筆者や保護者の皆様には貴重な原稿や手記を寄せていただいた。この場を借りて御礼申し上げる。また本書の発行に対しては、九州大学教育研究プログラム・研究拠点形成プロジェクト（P＆P）特別枠の支援を受けた。さらに慶應義塾大学出版会と編集部の西岡利延子氏にご尽力をいただいた。記して感謝申し上げる。

2016年3月
川住隆一

目　次

はじめに

序　章　震災によって浮き彫りになった4つの脆弱性
　　　　　　　　　　　　　　　　　　　　　　　田中真理　2
　　1　「障害」による被災の格差と特別支援教育
　　2　震災によって浮き彫りとなった脆弱性とは
　　3　特別支援教育理念は震災対応にどう活かされたか

第一部　震災が「特別支援教育」に問うたもの

第1章　震災によって顕わになった特別支援教育の課題

第1節　避難所運営における特別支援学級児童への配慮　　菊地秀敏　16
　　1　高砂小学校特別支援学級と高砂小学校の避難所運営について
　　2　衛生面への配慮

第2節　重い障害をもつ子どもの保護者の調査と手記から　　川住隆一　20
　　1　保護者への聞き取り調査の実施
　　2　聞き取り調査結果の概要
　　3　保護者から寄せられた手記（事例1～5）
　　4　保護者の声を受けて

第2章　重度・重複障害児・者の被災と、防災への提言
　　　　　　　　　　　　　　　　　　　　　　　菅井裕行　44
　　1　重複障害児・者が直面した生命危機
　　2　子どもたちにみられた変化
　　3　震災発生時の特別支援教育教師と子ども
　　4　避難所となった学校への大学生の支援
　　5　学校再開とその後の子どもたち
　　6　被災者であり支援者であった教職員の状態
　　7　提言：重複障害児・者の防災

第3章　震災が子どもたちに及ぼした心理的影響

梅田真理　70

1. 災害が子どもたちに及ぼした影響について
2. 「時間」の経過に伴って
3. 「失ったもの」との別れ
4. 子どもたちに対するストレスマネジメント

第4章　環境整備と防災教育への提言

安田まき子　82

1. 調査について
2. 調査からみえてきた状況と課題
3. 緊急時の支援として参考となる事例
4. 新たな防災教育の取組み事例
5. まとめ

第二部　震災が「障害」を襲ったとき
障害のある子どもたちと家族や教師が直面したこと

第5章　避難所運営を通してみえた学校の役割
――特別支援学校教師の立場から

片岡明恵　100

1. 重度・重複障害　狩野悟君の「生きたい」と思い続けた命
　　――医療器具が使えず命をおとす
2. 学校の避難所運営を通してみえたこと
3. 「災害弱者」は誰だったのか
4. 震災後にみられた子どもたちの特徴的な姿（障害種別）
5. 特別支援学校教職員に求められること
6. 震災をきっかけに変わった保護者の考え
7. 特別支援学校をどう位置づけるのか

第6章　震災に学ぶ今後の危機管理支援
――特別支援学校の校長の立場から

櫻田　博　126

1. 石巻支援学校の対応
2. 石巻支援学校の課題
3. 今後の危機管理の視点

第7章　特別支援教育は避難生活の「公平性」とどう向き合ったか

第1節　福島県災害対策本部の業務経験から　　　　　　　　佐藤　登　150
　　　1　県災害対策本部業務からみえた現状と課題
　　　2　障害のある児童生徒の避難の現状と課題
　　　　　――保護者アンケートからみえたもの
　　　3　災害発生時の特別支援学校の地域での役割

第2節　避難所となった特別支援学校の経験から　　　　　　佐藤　智　165
　　　1　避難所における公平性について
　　　2　避難所開設と運営
　　　3　避難者支援における公平性、特性への配慮
　　　4　学校再開にむけた支援体制の変化と自治組織への移行

第8章　特別支援教育教師が体験した不均衡なリスク
　　　――福島の障害者の震災被災と避難の調査から　　　中村雅彦　172
　　　1　地震発生時の教師の対応
　　　2　自助・共助・公助を生み出すための教育をどのように発信したのか
　　　3　障害者の死亡率から読み取るものとは

第9章　震災を通して「双方向の支援」を考える
　　　　　　　　　　　　　　　　　　　　　　　　　　　熊本葉一　190
　　　1　ふたつの事例からみえてきたもの
　　　　　――被災した自閉症児・者の報告から
　　　2　支援とは何か――支援する側とされる側の関係
　　　3　これからの特別支援教育が担うもの
　　　　　――インクルーシブ教育は共生の教育でなくてはならない

座談会　「障害」から問う3つの課題
　　　――共生社会、防災教育、教育復興ニーズ　　　　　　　　　　204
　　　櫻田　博・野澤令照・熊本葉一・田中真理・菅井裕行・川住隆一

　　おわりに　　226
　　執筆者紹介　231

序章　震災によって浮き彫りになった　 　　　4つの脆弱性

田中真理
震災発生時　東北大学大学院教育学研究科准教授

1　「障害」による被災の格差と特別支援教育

　障害と被災との関係を、時間系列で10時間後、100時間後、1000時間後ということで考えてみると、10時間後は命の危険にさらされていた時間、100時間後は避難所に行くことを諦め孤立化していく時間、1000時間後は、社会的偏見等による社会的な不利益が"格差"として明確になっていく時間、といわれている（游学社ほか、2011）。2011年3月11日発生の東日本大震災の被災におけるこの"格差"を最も深刻に示している数字のひとつは、障害児・者の死亡率の高さである。

「障害者の死亡率－総人口比の死亡率＝X」とは

　内閣府の発表によると（2012年3月29日）、宮城県の障害者死亡者数は1,028名で全障害者数比1.7％であり、これは全死亡者数（9,471名）の総人口比0.4％の実に4倍以上の高さとなっている。日本障害フォーラムの藤井（2012）は、この数値の高さに対して、次のように指摘している。

　「『障害者の死亡率－総人口比の死亡率＝X』このXに人災の要素が多く込められていることが容易に推測できる。（中略）障害者への震災の集中的で集積的な負の影響は、死亡率だけではなく、震災発生後のあらゆるステージ、すなわちライフライン途絶下での生活、避難

所や応急仮設住宅での暮らしなどにも付きまとう」

このことは、災害はすべての人に平等にふりかかるわけではないということ、障害児（者）にとっては、より強く、より長く、そしてより深刻に襲いかかってくるということ、そしてそれは、時に命を落とすような残酷さを伴ってくるということである。このことは第8章でも不均衡なリスクとして詳述している。そういった命の危険や社会的不利益が少しでも減少するような社会構築のための取り組みをしなくてはならない。藤井の指摘するXの内実を明確にすることは、今回の震災で得られる教訓を浮き彫りにすることでもある。

"格差"を埋める特別支援教育の理念

筆者は、震災後のあの大混乱の下、先生方ご自身もそのご家族も被災されているという状況のなか、子どもたちの命を最優先に、懸命に動いてこられた先生方のお姿を、少しでも形に残したいという思いから、特別支援学校の先生方にインタビューをさせていただいた（田中ら、2012）。

「ここが寝床だっちゃー」と、校長室のど真ん中に敷かれた畳。何日も泊まり込んで避難所の運営にあたられた先生方。子どもたちの無事を確認したい、元気な姿に会いたいという一心で、どこで避難しているか分からない子どもたちを、特別支援学校の広範囲な校区にわたるあちこちの避難所に手分けして探し回られた先生方。子どもの命を守るため、危機管理マニュアルを真剣に徹底的に見直された先生方。震災後再会した初日、子どもたちに「心は何のためにある？　心は人のために使うものなんだよ」と語りかけていた先生の姿。これらは、インタビュー時に筆者が目にした光景である。

そして、数々の言葉……。

「子どもがいるから学校がある。学校があるから教員がいる」

「支援のつながりを点から、線へ。そして面へ」

「学校は子ども、そして地域のためにある。頼ってくる地域のために

最大限の努力を行うときは、今だ」
「人を動かすのはシンプルなもの。それは愛です。愛の力が人を育て、人の原動力になる」震災時の自身の行動の原点を子どもへの愛だと語られた先生のお言葉。

ほかにも、心にずっしりと残るたくさんの「名言」と出会わさせていただいた。日々の教育活動のなかから紡ぎだされた「プロ」としての確固とした自負の念に基づいた強い説得力と迫力をもって伝わってきた。

今回の震災時、指定の避難所になっていなかった特別支援学校では、先生方の知恵と工夫と行動力で、要援護者に配慮された避難所運営をされた実践が報告されている。避難所は社会の縮図でもある。乳幼児から高齢者、障害のある人ない人、日本語でコミュニケーションがとれる人とれない人、その他多様な人々で構成され多様な価値観がぶつかり合う空間である。そのようななか、上述のような要援護者に配慮をした避難所の運営にあたっては、相当な決断力を要したことは想像に難くない。

そしてここで大切なことは、そういう対応をされた方々が、単にリーダーシップを発揮したということだけではなく、そこには「多様なニーズをもった多様な人々と共に生きるためのインクルーシブな社会構築への基本的な人権意識の高さ」がベースにあったということではないだろうか。

筆者は、震災での被災体験では、個々人が他律的自己から自律的自己への変容をためされたのだと思っている。ルールで動いていた他律的だった自分が、どれだけ責任を引き受ける覚悟と状況を読む自分の目を信じて自律的に動くことができるのか、これを試された瞬間の積み重ねの時間だったと思う。自律的に動き、その結果を残した取組みを、「あの人だからできた」ではなく、「なぜあの人には、なぜあの学校ではできたのか」「どういう日常が非日常のあの取組みを生み出したのか」を振り返ることによって、その人個人の素晴らしさだけではなく、システムとして残し、次につなげていきたい。

2　震災によって浮き彫りとなった脆弱性とは

　国際的に防災研究を進めてきているHemingwayとPriestley（2006）は自然災害の「人災 human disaster」の側面として、障害と貧困がもたらす脆弱性や社会構造制度上の環境的障壁を強調している。

　Stough（2009）は災害による障害児の社会的脆弱性を、そしてPeekとStough（2010）は身体的脆弱性・心理的脆弱性・教育的脆弱性を強調している。筆者は、発達相談において障害児の親および障害のある当事者によって語られた内容から、これら4つの脆弱性について次のように定義し分類できると考えた（田中・高原、2013。Tanaka, 2013）。

　物理的・身体的脆弱性とは健康維持や移動保障の脆さであり、教育的脆弱性はサービス機関（学校、福祉施設等を含む）からのサービス受給の脆さであり、心理的脆弱性とは心理的安定の脆さであり、社会的脆弱性とは地域や社会、周囲の人々との共助・公助の脆さである。筆者らが行ってきた調査協力者の言及から（田中ら、2013）、これら4つの脆弱性と対応させた内容（田中、2013）について、その具体例の一部を表1に示している。

本書第一部の構成
　現在、防災教育・防災意識のありようをめぐって議論が交わされている。その基本に、これらをめぐる議論がインクルーシブ社会の構築を目指すためのものであることの認識を深めていきたい。そのために本書第一部では、震災が「特別支援教育」に問うたものは何か、ということを浮き彫りにすることによって、今あらためて共生社会を目指す教育のありようを問いなおしたい。

　第一部の具体的な章構成は以下の通りである。
　第1章では、避難所運営の指針にどのような教育的理念がベースとし

表1　障害児者にみられる災害時の4つの脆弱性

1　物理的・身体的脆弱性：健康維持や移動保障の脆さ

・もっとも深刻な事例は、車いすでは移動困難のため避難できず命を落とした事例である。
・小中学校体育館の避難所では、多くの人が避難し周囲の騒音も始終聞こえている空間であり、聴覚過敏のある障害児は適応することは困難を極めた。
・車いすの使用の事例では、和式のトイレを使用することができず、結果として避難所の利用をあきらめた。
・偏食の多い自閉症の場合は、避難所で配給された食事に一切手をつけられなかった。
・薬局が自宅から遠くて行かれず薬の調達ができなかったため、てんかん発作を起こした。

2　教育的脆弱性：
　　サービス機関（学校、福祉施設等を含む）からのサービス受給の脆さ

・自宅から遠く離れた特別支援学校に通学している児童生徒においては、非常に広範囲にわたる通学圏（学校までバスで40～50分かかるといったように、居住域と学校との距離がとても遠いことを意味している）のなか、震災時のガソリン不足や道路事情の悪さにより、教師による安否確認や自宅訪問は非常に困難を極める。その結果、どこの避難所に児童生徒が避難しているのかを探し当てるまでに相当な時間を要した。
・学校再開後も、交通機関がないため、児童生徒は遠い学校まで行くことができない。

3　心理的脆弱性：心理的安定の脆さ

・"自分だけが被害に遭っているのではないか"という災害時の自己中心的な幻想が障害児の場合には非常に強く生じるため、被害に遭ったのは自分だけではないということを理解させるために、周囲も同じように被害を受けていることを、親が近所を見せて回ったりして視覚的に理解させようとしなくてはならず、その状況を説明することに工夫と時間が必要だった。
・生き残り罪悪感をめぐる問題では、「死んだ人もたくさんいるのに、こんなとき修学旅行に行って楽しんではいけない」と言って、周りからどんなに説得されても頑として"行ってはいけない"ということを押し通す。また、「死んだんだったら、僕のような障害児が死ねばよかったんだ」と言い続ける。
・余震があるたびに、「ごめんなさい、ごめんなさい」と謝って自分の頭を強く叩き続ける。
・停電している避難所の暗い中でも、毎日の日課であるドリル学習をやらないと気がすまず、できないとパニックになるため、その時間を確保することに家族

は消耗する。
- 長く強いPTSDがみられ、余震への強い恐怖について、震災後2年近くが経った時点でも震度1や2でも非常に敏感に反応し、夜中であっても必ず屋外に避難する。また震災1年後でも、すぐに逃げる態勢を、と立ったまま給食を食べる。
- 特に高機能自閉症スペクトラム障害の場合には、失言がもたらす周囲との軋轢に家族が辟易する。

  〈失言例〉
    - 避難所で「すぐに逃げないから津波で流されちゃったんだよね」と繰り返し大声をあげる。
    - 同一性の保持に強い欲求のある自閉症スペクトラム障害児が、仮設住宅のデザインの一様さや並んでいる規則的なラインに魅せられ、仮設住宅に住まざるをえない被災者感情に想像が及ばず「こんなところに住めていいなあ」と言う。
    - 非日常であることに妙にわくわくしており、「また地震こないかなあ。だってなんか楽しいもん!!」と場所にかわまず言ってまわる。
    - 行方不明の家族のことで泣いている人に対して、「何で泣いてんの、この人」と言ったりした。

4 社会的脆弱性：地域や社会、周囲の人々との共助・公助の脆さ

- 家族3人で、食パン2枚だけしか持たず車で過ごした。避難所に行くが車避難者はダメと、事情を言っても（救援物資の配給を）断られた。
- 市が区長へ自分たちの区へ支援物資を配布してくださいと言ったら、区長がその支援を断ったらしい。民生委員も動いていなかった。障害者の存在がわからないのではないか。
- 避難所で、「この子、要援護なんです」と伝えたが、本部担当者に「は？」と言われた。要援護者という意味が分かっていない様子であった。
- 市の支援センターへ相談し、療育手帳で緊急車両扱いにしてほしい、学校に1日でも集めて（預かってもらい）その間に親がガソリンを入れてくるような体制を整えてほしいと要望したが、どれも答えはNOだった。
- 教育委員会へ出向き、避難所には障害児はひとりもいないことや、子どももいられないし親は迷惑をかけるのではと気兼ねして避難所に来ない、という実情を訴えた。

てあったのかについて、震災時避難所運営を指揮した校長先生の手記をもとに、また、上述した脆弱性の詳細とそこから考えるべき今後の課題について、保護者の手記をもとに考えていく。

　第2章では物理的・身体的脆弱性を中心に、重度・重複障害児が直面した生活環境の変化・コミュニケーション環境の変化、生活サイクルの変化を述べる。そして、被災者でもある特別支援教育教師が職場環境の激変と生活の不安定ななか、児童生徒たちの変化へどのように直面し対応したのかをたどり、重複障害児・者の防災はどうあるべきかの提言を行う。

　第3章では、心理的脆弱性を中心に、宮城県内の保護者や学校関係者による災害発生時から生活が落ち着くまでの記録を踏まえて、児童生徒、特に自閉症児や重度・重複障害児に見られた様々な行動を取り上げる。また、震災によって「失ったもの」を学校教育のなかでどのように扱ったのかをもとに、障害児のストレスマネジメントのあり方を述べる。

　第4章では、教育的脆弱性に関して、特別支援教育の視点を入れた災害時における校内支援体制の構築、安心して避難できる居場所や非常食の確保を明記した学校での避難所運営マニュアルの作成、学校と関係機関との綿密な連携体制の構築等の課題について述べる。

3　特別支援教育理念は震災対応にどう活かされたか

　「医療ケア綱渡り」「迷惑かも：車中泊一週間」「障害者声なきSOS」「障害児の親孤立」「障害児避難所避け届かぬ支援」「差別怖れ避難所転々障害児と家族」「障害児生きる場どこに」……。

　これらは、東日本大震災発災以降、障害児とその家族の被災状況について、新聞などで紹介されてきた各記事のタイトルである。これらのタイトルにはどれも、災害がどの人にも等しく襲いかかるわけではないという問題性が凝縮されている。

非常時に活かされた日常の教育：命を守る教育とは

「移動の障害」は迅速な避難行動がとれないことによる命の危険を、「コミュニケーションの障害」は人とのつながりを断たれ、自身の要求も周囲からの指示も伝わらないために大きな混乱を、「情報の障害」は今何が起きておりそのことで自分にどのような危険が迫っているのか、そのために起こすべき行動が何なのかが分からない激しい不安をもたらすこととなる。

このような不安とリスクにさらされる障害児の命を守るために、子どもたちの安全確保を震災時にはもちろんのこと、日常的にも第一に考えているのは特別支援教育の教師であろう。正確にいうと、特別支援教育の理念を持っている教師ということになろうか。第1章の第1節でも、震災時、避難所運営を行うにあたり、特別支援学級児童への配慮を含めた危機管理をすすめた校長の手記を取り上げている。

この手記からは、単に校長のリーダーシップの高さということだけにとどまらず、また、震災時の特別支援を要する児童への配慮が非常時に突然出てきたものでもなく、日常的なインクルーシブな社会構築のための基本的な人権意識の高さがベースにあってこそだったことが伝わってくる。

しかし残念ながら、実際にはこのような「特別支援配慮」が含まれていた避難体制ばかりではなかった。以下は、知的障害と自閉症のある中学3年生の親の手記である。

避難所生活の実態から（保護者の手記より）（田中ら、2013）

震災当日は卒業式が終わり、疲れて自宅で寝ていた。地震の揺れのなか寝ていたソファから落ちてもそのまま寝ていた。床に散乱したもので怪我をさせては病院に行くことになり大変だと思い（以前、外科に行ったとき、医師・看護師とも自閉症の理解ができず、「動かないでって言ってるでしょ!!」と本児を叩くなどがあった）、歩き回っても怪我をさ

せないよう、まずは床じゅうに布団などを敷きつめたり、スリッパではすぐに脱いでしまうので上靴を履かせる。この作業中、地震後1時間くらい子どもが動かず寝ていたので良かった。怪我をさせたくないという一心で、歩ける床のスペースの確保で必死。

　その後すぐに、自衛隊のヘリコプターから高所への避難をうながす放送が聞こえてきた。しかし、子どもは体も大きく、抱っこしての避難は無理だと諦めた。避難所の利用については最初から「利用できない」という判断だった。重度障害の子どもは、よだれが出る、走り回る、うんちの替えで臭う、寝ている人の頭を越えて回るなど、とても無理だと思った。私のほうが気を遣い、疲れて倒れてしまう。物置でもいいから自宅で、という思いだった。自宅がもっと危険な状態であっても、やっぱり自宅で過ごしていたと思う。

　近所はすべて避難所への避難をしているなか、仕方なく自宅にいると、町内会長から「なぜ避難所に来ないんですか？　お宅だけ自宅に残っている。盗難が起きたらお宅が疑われますよ」と言われた。避難所で特別な配慮をしてくれないから、行きたくてもいけないんだ、と言いたかった。避難所にいる人にしか物資は渡せないと、物資の配給を拒絶された。寒い・暗い・揺れも止まらない感じで、家から見える避難所の明かりがうらやましかった。避難所へ行きたい気持ちもあったけれど、やっぱり無理だった。近所には誰もおらずシーンとしており、孤立感を感じた。

　その後かなり日にちが経って、何とか避難所の体育館の中にちょっとした個別のスペースを設けてもらった。周りからは、ずるいと陰で言われていたようだった。子どもには偏食があり、リンゴとならご飯を食べる状態で、ご飯を食べさせるためにリンゴがどうしても必要で、数時間並んで買い物をしてやっとの思いでリンゴを調達した。しかし、周囲の人から、なぜお前たちだけデザートがあるのかと言われ、偏食の説明をしたが理解されなかった。結局、いたたまれなくなって、避

難所から自宅に戻った。

　この手記から、上記で述べた身体的脆弱性や心理的脆弱性が周囲に理解され難いという事態が、当事者あるいは家族をさらに追い詰めていったことが読み取れるであろう。このように、周囲の非難の目が辛く避難所に留まることができなかったという事例は、筆者が行った調査においても、子どもの抱える脆弱さよりも周囲の冷たい目のほうが何倍も辛かったという声として、数多く聞かれた。このような類の事例は多くの著書や報告書でも挙げられている（例：中村、2012等）。

　どの手記からも、身体的脆弱性や心理的脆弱性それ自体よりも、そのような脆弱性に対する周囲の理解し難さが生む社会的脆弱性のほうに辛さを感じ続けた、ということがふれられている。逆に言えば、心理的脆弱性があったとしても、それらを理解し合える社会的脆弱性の少ない環境であれば、避難所で過ごすことが可能であったともいえる。

　このように考えると、防災をすすめるにあたり、4つの脆弱性は並列ではなく、社会的脆弱性は、身体的脆弱性・心理的脆弱性・教育的脆弱性の程度を左右するキーとなってくると思われる。

社会的排除の構造――社会的脆弱性は「社会」が作る

　筆者が聞き取りをした対象者全体の8割以上の人において、〝避難所は利用できない〟と考えていることが分かり、ここにも社会的脆弱性の存在がみてとれるのではないだろうか。避難所を利用できないということは、必要な情報や物資が入ってこないことを意味している。避難所という環境が、身体的脆弱性や心理的脆弱性を生じるということのほかに、社会的排除の構造を突き付けたことも少なくなかったのである。

　避難所開設当時、「障害児は避難所にはいない」と言われていた。実際、筆者が最初に訪れた南三陸の避難所においても、そこを統括している医師からは「ここには障害児はいない」と言われた。このような背景

には、社会的脆弱性ゆえに避難所を自ら選択しなかった（できなかった）、あるいは排除された、という事実があったということへつながっている。

身体的脆弱性や心理的脆弱性は「障害」がもたらす側面も大きい。その一方で、社会的脆弱性は「社会」が作り出すものであるといえないだろうか。そして、障害のある子どもたちの社会的脆弱性を除去するための理念は、特別支援教育が目指すインクルーシブな社会構築をめざす理念と通底するのではないだろうか。

そこで、このような問題意識を背景に、第二部では、障害のある子どもたちがどのような被災体験をし、現在もなおどのような避難生活を続けているのか、障害のある子どもたちに日々向かい合っている特別支援教育の教師をはじめ教育関係者は震災時そして震災から時間を経た今どのような思いをもっているのか、その内実を示す。

なかでも、特に社会的な脆弱性にさらされている姿が浮き彫りになった事実、あるいは逆に、社会的な脆弱性が最小限であった避難コミュニティだったからこそ、身体的・心理的脆弱性から子どもたちを守ることができたという事実に注目し、震災が「特別支援教育」に問うたものが何だったのかについて論じていくこととしたい。

具体的な、第二部の章構成は以下の通りである。

本書第二部の構成

第5章では、社会的脆弱性に関して、特別支援学校の避難所運営からみえてきた"地域とともにある"学校の存在や、避難所生活における役割と活動で満たされる人としての尊厳等の観点から、学校や人を社会的に位置づけていくことの重要性を述べる。

第6章では、震災をめぐって、障害のある子どもの理解・啓発、地域連携型の学校づくりの重要性がいかに浮き彫りになり、震災後もそのような学校づくりに向けてどのように教育活動のなかへ具現化されてきたのか、その教育実践にこそ、社会的脆弱性をなくし、子どもの命を守る

防災教育の充実が問われていることを指摘する。

　第7章では、避難所においての物資や食料の配給、避難スペースなどの配分をめぐって、避難所における公平性と障害特性への配慮との均衡をいかに保つのか、という具体的な場面を取り上げる。そのうえで、社会的脆弱性のある障害児・者およびその家族の安心・安全を担保する配慮性が重要であることについて述べる。

　第8章では、特別支援教育の教師が直面した不均衡なリスクの体験を述べる。そして、それらの背景にある日常的な地域との交流のない関係が、非常時に共助が機能しない状況を生み出し、社会的脆弱性がさらに増長されていくことへの警鐘を鳴らす。

　第9章では、障害児・者は上述してきた4つの脆弱性ゆえの支援の対象となる存在だけではないこと、支援する側もまた相応のものを得る双方向の支援―被支援関係であることを、ふたつの事例を通して述べる。そして、この双方向性により支えられている関係性が社会的脆弱性を生み出すことなく、共生社会を「共に」つくる姿を示す。

　震災体験が浮き彫りにしたインクルーシブ社会の重要性、これは特別支援教育がめざすものである。このことを本書で考えていく。

引用・参考文献
1）游学社・フリーハンディキャップ協会（編）『多様性社会の再生――被災地の現実　障がい者の働く現場』游学社、2011年
2）藤井克徳「東日本大震災と被災障害者――高い死亡率の背景に何が」、『災害時要援護者の避難支援に関する検討会第2回資料』2012年
3）田中真理・梅田真理・佐藤健太郎・渡辺徹「特別支援教育における危機管理・防災体制に関する調査報告書――東日本大震災の被災体験をふまえて」2012年
4）Hemingway, L. & Priestley, M. (2006) Natural Hazards, human vulnerability, and disabling societies: A disaster for disabled people? *The Review of Disability Studies, 2(3)*, 57-67.
5）Stough, L. M. (2009) The effects of disaster on the mental health of individuals with disabilities. In Y. Neria, S. Galea, & F. H. Norris (Eds.) *Mental health consequences of disasters.* New Your: Cambridge University Press.

6) Peek, L. & Stough, L. M. (2010) Children with disabilities in the context of disaster: a social vulnerability perspective. *Child Development, 81(4)*, 1260-1270.
7) 田中真理・高原朗子「自然災害を体験した障害児者とその家族の心理特性」、『日本心理臨床学会 第32回大会発表論文集』、2013年、132頁
8) TANAKA, M. (2013) *The Psychosocial Impact of Disaster on persons with developmental disabilities: Experiences from the Great East Japan Earthquake*. The 2013 IASSIDD Asia-Pacific Congress in Tokyo, Japan.
9) 田中真理・高原朗子・滝吉美知香・佐藤健太郎・松崎泰・前川和樹「知的障害・発達障害のある子どもの震災体験調査報告書」2013年
10) 田中真理「被災地における発達障害児者への支援」、長谷川啓三・若島孔文（編著）『震災心理社会支援ガイドブック』金子書房、2013年、151-175頁
11) 中村雅彦『あと少しの支援があれば──東日本大震災 障がい者の被災と避難の記録』ジアース教育新社、2012年

第一部

震災が「特別支援教育」に問うたもの

第1章　震災によって顕わになった
　　　　特別支援教育の課題

　　　　　　　　　　　　　　　　　　　　第1節　菊地秀敏
　　　　　　　　　　　　　震災発生時　仙台市立高砂小学校校長
　　　　　　　　　　　　　　　　　　　　第2節　川住隆一
　　　　　　　　　　　震災発生時　東北大学大学院教育学研究科教授

第1節　避難所運営における特別支援学級児童への配慮

　避難所運営のリーダーは、基本的にどのような人生観を持っているかで、運営の際の判断などが大いに左右されるのではないかと考える。筆者は、教職生活36年間のうち管理職歴が19年間である。通常学級の児童の担任は14年持っただけで、特別支援学級の担任もしたこともなく、視聴覚教育や理科教育の指導を中心に活動してきた。しかし、仙台市内の赴任校の学区にたまたま児童施設があったり、多動な児童や不登校児童の多い学校での勤務をしたことが管理職時代に活かされ、基本的には、インクルージョンが当然という考え方ですべて行動している。

　2011年3月は仙台市宮城野区にある高砂小学校の校長であった（また、高砂小学校では日頃から、これからの時代にはインクルージョンが基本的な生活の理念であると、教職員・地域に呼びかけていた。なお、児童の実態についても担任と同じくらいに把握していた。在職中4年間、特別支援学級児童が毎朝、校長室訪問を行い、毎朝5分程度であるが、朝の挨拶とハイタッチをして、話を聞くようにしていた。そのあと、時間があれば、児童を学級まで送っていくということで良きサポート関係ができていた。これがすべての活動の基本である）。特に配慮したということではなく、当然行うべきことを行ってきただけである。

1 高砂小学校特別支援学級と 高砂小学校の避難所運営について

　震災発生時の高砂小学校の特別支援学級は、自閉症・情緒障害学級2学級（12人）、知的障害学級1学級（3人）、肢体不自由学級1学級（1人）合計4学級16人の児童が在籍しており、普段の避難訓練と同様に通常学級と同じ手法でマニュアル通りに緊急避難場所である校庭に避難をした（本校では、年に4～5回実施していた避難訓練で担任が責任をもって在籍児童を避難誘導することになっていた。特に、肢体不自由児は1人で、3年生までばバギーカーを使用していたので、非常時には必ず教室に担任以外の教員が補助に行くことにしていたが、震災発生時には体力がついてきて自力で歩行できるようになっていた。当日は、学習支援ボランティアの学生2人も活動していたし、通級指導教室の担当も特別支援学級の避難誘導をしていた）。

　その後、雪による寒さ防止のために校庭から体育館へ避難させた。その際も、特別支援学級児童、低学年児童を優先してゆっくり避難させた。その後、大津波警報の情報が伝わってきたので、特別支援学級児童、低学年児童から最上階の4階へと、教員4人と通級指導教室担当1人で避難移動させた。

　大津波警報の解除後、再び体育館に移動。その頃には、地域住民も3階に多数いたので、まず、特別支援学級の児童から優先して移動させた。

　いったん、通常学級児童と同じ体育館のフロアで過ごさせたが、30分過ぎた頃から、特別支援学級児童を体育館とは別の場所に避難させたいと、経験豊かな通級指導教室の担当から申し出があった。自分は、全体の統括をしなければならないので、児童一人

●高砂小学校（震災発生時）

校種	小学校
特別支援学級の障害種別	知的障害、自閉症・情緒障害、肢体不自由
幼児児童生徒数	約600人（うち特別支援学級16人）

ひとりを見る余裕がなかったところ、この申し出があったので、すぐに狭い場所ではあるが、特別支援学級の児童と家族がいるにふさわしい控室に避難させることにした。

　特に、自閉症・情緒障害学級の児童は、少しの環境要素の変化で生活にパニックを起こすということを知っていたので、十分理解できた。地域住民には、高砂小学校区地域防災委員会において、避難所の使用については児童優先にしてほしいということを校長の判断でお願いすることにしていた。障害児とりわけ自閉症・情緒障害学級の児童は、通常と異なる環境にいることで、とても落ち着かなくなるばかりか、奇声を上げたりして不安定になる。これらのことは、障害について正しい理解があれば当たり前と感じることであるが、避難者全員が困っているときになぜ特別扱いするのか、というような声も住民から聞こえたが、インクルージョンの考え方でご理解いただきたい、と説明をしている。これは、地域の高齢弱者にも言えることである。高齢者や介護支援が必要であると思われる方々は、保健室の前の多目的室を独占して利用してもらった（どうしても必要な方だけにベッドを開放したが、それ以上のことは病院でしかできないので、後に自衛隊により病院移送となった）。

　避難生活2日目には、何もできない状態が続いたが、避難所で食事がとれるような体制になると、児童もじっとしていることが困難になってきた。これも、特別支援学級の担任からの申し出であったが、いったん自宅に戻らせ、自分の愛用している画用紙や文房具、本や写真、ゲーム機やぬいぐるみ等を持ち込ませてほしいということであった。筆者自身、物へのこだわりがあることを理解できたので、他児童に見えないところで（自分たちの避難場所控室だけで）の利用を行うようにさせた。すべてを校長が判断して指示することはできず、しかし担任からの申し出（子どもの実態を把握しながら）を理解しておくことはあとでクレームがあった場合に対応できるので、「児童のためになることは報告だけしてくれれば良いから、実態を掌握しながらいろいろとやってほしい」と担任に

告げた。

2　衛生面への配慮

　避難所生活が始まると心配なことは、食事とトイレの工夫であった。特に、食事の際には、特別支援学級の児童は感染症になりやすい体質の児童も多いので、普段から常備していたウエットティッシュが、ある程度役に立ったのではないかと思う。水が十分に使えないので、手洗いができない。汚れた手での食事や接触は、別の病気を引き起こすきっかけとなるので、避難生活者全員にも配慮したことであるが、特に特別支援学級の児童には、配慮すべきである。また、トイレも限られた簡易トイレしか使用できなくなったが、どうしても決まったトイレでないと用をたせない児童もいるので、使用不可にした校舎内の別のトイレでバケツに水を汲んで用をたさせた。

　また、午後2時から、ラジオ体操・お掃除タイムを設定した。これは、避難所一斉に行った。居住地区ごとに様々な特別教室を利用しているので、自分たちの使っている部屋は、自分たちで掃除をしてもらい、学校の教職員が、各部屋に出向きラジオ体操を実施した。エコノミー症候群にならないようにするためにも効果的であるが、これは児童の気分転換にもつながった。

＊　　＊

　以上、東日本大震災に際し学校長として避難所運営に携わった経験から、特別支援学級児童に対して必要と思われる配慮点をまとめた。これらの配慮点を第2章以降で取り上げられる具体的な提言とあわせて、今後の震災対応の観点に活かしていただければ幸いである。

第2節　重い障害をもつ子どもの保護者の調査と手記から

　筆者は、東北大学で発達障害学を専門とし、特に障害の重い子どもの教育や家族支援にかかわる研究を行っている。ここでは、普段、保護者の養育相談に応じてきた立場から、保護者が被災によって直面した困難と、そこから浮かび上がってきた課題について述べる。

1　保護者への聞き取り調査の実施

　震災後2011年7～11月にかけて重度の知的障害や重度・重複障害のある子ども（7～28歳）と共に生活している母親20人（他に自閉症児の母親2人）に対する聞き取り調査を指導学生（当時、東北大学教育学部4年生の南島開さん）と共に実施した。
　これらの母親は、内陸部の宮城県仙台市と岩手県一関市に居住する方々計11人と、沿岸部である岩手県の釜石市と大船渡市の方々計9人（このうち、津波により自宅全壊3人、一部損壊1人、浸水1人）である。
　調査の内容は、①地震発生時の子どもの様子、②震災の影響と思われる子どもの様子の変化、③震災後の親の状態、④親が感じた子どもがいてくれてよかったこと、そして、⑤困ったことや支援ニーズである。
　また、筆者は2013年5月に、医療的ケアを必要とする子どもを抱える仙台市の母親グループと、筆者の研究室に定期的に養育相談に来ている母親に、特に特別支援教育や特別支援学校あるいは特別支援学級のある小・中学校の対応を念頭において震災時やその直後のことについて振り返える手記を求めたところ、5人の方が応じてくれた。
　以下では、聞き取り調査をまとめた南島開さんの卒業論文（平成23年度卒業論文「東日本大震災における障害児・者とその家族の体験と支援ニー

ズに関する一研究」)の一部と、母親による手記に基づいて、特に重い障害のある子どもたちの教育に携わる方々に今後とも検討してほしい課題を示したい。

2　聞き取り調査結果の概要

上述した聞き取り調査においては、「震災をめぐり困ったことや学校・行政機関などに向けての要望」について質問している。

1) 困ったこと

まず、困ったこととしては、ライフラインの損壊に伴う影響が大きい。
○停電による影響
「痰の吸引器や酸素吸入器など医療機器のバッテリーの充電のため、車から充電したり、充電させてもらいに毎日病院に通った」「暗がりだと子どもの顔色が判断しにくく、チアノーゼになっていないか心配だった」「ミキサーを使用できずペースト食が作れなかった」という回答があった。
○断水やガスの供給停止による影響
「水の確保ために給水車やお店の行列に長時間並べずに、入手困難であった」「医療機器に用いるチューブや刻み食を作る時の食器類などを水がないと洗えず、衛生状態が管理できないものがあった」「トイレが使えなかった」「ガスが長期間使えずお風呂に入れなかった。大勢の中での入浴も困難であった。また子どもが大きくて、人手がないと入れるのに大変だった」という回答があった。
○ガソリンや食料等の確保・入手困難
「ガソリンスタンドはどこも行列ができており、長時間並ぶことができない障害児・者の家族はなかなか入手できなかった。いざというときに病院や施設へ行けるよう大事に使ったり、緊急時に備えて少し残して

おいた」「利用サービス機関が再開してもガソリンがないため通えなかった」「ペースト食、ケトン食、ソフト食が入手できなかったり作れなかったりした」「サイズの合うおむつの入手が困難だった」等の回答があった。

○情報等の入手困難

「テレビのニュースで流れている情報は簡単に動ける人が対象で、すぐ行動が起こせない障害児・者の家族には役に立たないものであった」「いつも頼っているところとまったく連絡がとれなかったこと」という回答があった。

○学校や行政機関との関係

学校や行政機関との関係で直面したこととしては、「学校や利用サービス機関が再開されない限り、外出する機会や遊ぶ場所がなかったこと。重度・重複障害児は車いすを利用していたり、医療的ケアが必要だったりするという点で場所や手伝ってくれるスタッフさんの確保が難しい」「施設が被災して利用できないこと。生活のリズムが狂うことで体調不良になる可能性も出てくる。また、家族の生活にも影響をきたす」「震災後いつも頼っているところとはまったく連絡がとれず、その後もガソリンがないなどの理由でサービスを使えなかったこと。大変ショックだった」「誰に相談すればよいのか分からなかったこと」「障害児・者やその家族に配慮した避難所がなかったこと」「学校の被害が大きいのになかなか復旧工事が進まないこと。子どもたちの大事な時間は今も流れ続けており、そのときにしか得られない貴重な時間でもあるのに」「市や町内会で要支援者登録をしてあったにもかかわらず、特別な援護がなかったこと」「子どもの世話もあり、家の片づけが思うようにできなかったこと」という回答が寄せられた。

2）上述の体験をもとにした要望

次に、上述のような体験を踏まえて、学校や行政機関等に対する要望

がそれぞれ複数の方から出された。それらは以下の通りである。

①　あらかじめ「『障害児・者』マップ」を作っておいてほしい。緊急時にどこにどんな障害がある子がいてどういう支援がとっさに必要なのかを行政等が責任を持って把握し、安否の確認や援助の手があると助かる。また、誰がそれを行ってくれるのかを決めておいてもらわないととても不安である。

②　地域ネットワークの構築や行政機関同士の連携をもっと強固で確かなものにしてほしい。また、障害児・者の行政窓口の統一や同じ人が長年担当してくれるような仕組みだといい。

③　障害児・者がいる家庭ではすぐに行動を起こしたり、また長時間の外出が困難であるため、必要な物資（医療機器の充電器や水、ガソリン、灯油、食料など）を家まで届けに回ってくれたり、買い出しの代行や外出中に子どもをみてくれるようなサービスがあったらよかった。

④　今回の地震では福祉避難所の存在が周知されていなく、どこに逃げたらいいのか分からなかった。支援学校や病院など障害児・者の家族が安心して避難できる配慮された場所があるといい。

⑤　ガソリンの補充や充電・水汲みなどを優先的に行えるパスポートのようなものや、障害児・者と家族専用のガソリンステーションや給水所を用意してほしい。手に入らないと場合によっては命にかかわるような状況もある。

⑥　その地域にいる障害児・者やその家族が必要とし、信頼できる情報が確実に手に入るといい。「困ったこと」が起きた時にどこに相談したり情報を求めたらいいか分かるようになっていたらいい。

⑦　教育に関して優先的に予算を組み、すぐ復旧に取りかかってほしい（沿岸部だけでなく、内陸部でも）。教育活動に対する悪影響を最小限にしてほしい。学校の被害が大きいのに、なかなか復旧工事などが進まず、子どもたちはとても大変な状況で生活している。

⑧　高台の避難所へ避難するための階段などを工夫して造ってほしい。

⑨　子どもがよく遊んでいた公園を整備して、また遊べるようにしてほしい。子どもが遊べるスペースを設けてほしい。

　重い障害のある人やその家族は、避難所に行くことや避難所生活をすることに大きなバリアがあることを体験した。また、福祉避難所の存在自体や場所について情報を持っていなかった人が多かったように思う。そこで、どのような避難所であれば利用したいのか、「希望する避難所のあり方」を尋ねたところ、以下のような回答があった。
○避難所のあり方への要望
　まず、多くの方から「プライバシーが確保でき、気兼ねをしないところ」や「バリアフリーなどの整備がされており衛生状態が保たれているところ」という意見が聞かれ、具体的には「支援学校」「利用サービス機関」という声があがった。
　その理由としては、「みんなが子どもの様子を理解できるので、気兼ねをせず『お互いさま』と思えるだろうから」という意見や、「普段から子どものことを分かっていてくれるので、親も安心できるし、子どもたちも知った顔が周りにあると不安も減るだろうから」という意見が聞かれた。
　それと同時に、「支援学校のある場所が山の中なので実際そこまで避難できるかは分からず、障害児がいても分かり合える人たちとの避難所が点々とあるといい」という声もあがった。
　また、「利用はしない。親戚の家のほうがまだいい」「できるだけ自分の家。実際に行くとなると準備などできるか心配」という不安な思いや、「実際に津波が来たら避難できないだろうからそのままみんなで一緒に家にいる」という深刻な意見も聞かれた。
　さらに、医療的ケアを必要としていたり、てんかん発作の心配がある方からは「医療機器が揃っているから」という理由で「病院」という回答も得た。だが一方で、利用サービス施設の判断によって、子どもを1

日病院に預けて翌日迎えに行ったという親御さんからは「病院はバタバタしており全員まで手が回りきらず実際に何日もいられるような場所ではないと思った。野戦病院みたいだった」という話もあった。

3　保護者から寄せられた手記

　震災から2年が過ぎた2013年5月に、重い障害のあるお子さんと暮らす母親に、特に特別支援教育や学校の対応を念頭において震災時やその直後の体験を振り返える手記を求めたところ、5人の方に応じていただいた。この5つの事例を以下に紹介する。

　なお、事例1～4の保護者は、仙台市にある県立・市立特別支援学校に通う医療的ケアが必要な子どもの母親グループの仲間、事例5は一関市在住で筆者の研究室に養育相談に来ている母親である。

〈事例1〉県立特別支援学校訪問教育対象児の母親Aさん

○震災直後
- 震災直後、担任が自家用車で安否確認に来てくれた。
- 翌日、学部主事が自転車で安否確認に来てくれた。
- 子どもは、停電・断水のため自宅で過ごしたが、呼吸状態が悪化したため、3月14日より入院。学校には行っていない。

○震災後の学校の対応
- PTAで災害時に必要となる物資の備蓄を行うことになった。各自防災リュックサックの準備を行う。
- 近くに住む教職員が児童生徒の安否確認を行うことにした。
- 学校の防災対応の教職員が、教職員向けの研修や訓練をしている。しかし、保護者にはこの情報はなし。
- 学校を一般の避難所としては開放しないが、障害のある児童生徒は受入れ可となった。

〈事例2〉市立特別支援学校小学部児童の母親Bさん

○震災直後
- 吸引器のバッテリー電源確保のため、学校にある非常用電源を頼ったが、地震で壊れて使用不可。近隣の病院、消防署に行くように言われる。
- 担任とは当日メールにて安否確認（通話よりメールのほうがつながった）。
- 学校には震災前から災害用に2日分の食料と薬、おむつ等を備えていたが、学校は避難所として使用できないため、担任が翌日に食料、薬、おむつ、布団等を自宅まで運んでくれた。
- 震災後すぐに学校へ電話したのは、いろいろな面で頼れる場所だと思っていたから。しかし、仙台市全域が学区であるため、現実問題として、学校までは距離があり、車を動かせる状態でなければ難しい。

○支援ニーズ等
- 重度の肢体不自由児との生活は、通常の日常生活でも制限があり、行動も限られる。災害時は特に障害児を連れての買い物、物資調達、給水、スタンドに並ぶことはとても困難。なので、子どもが慣れた環境で生活でき、子どもの状態を理解・把握してくれている人たちのサポートが特に必要。また、子どもの状態に応じた支援物資（おむつなど）も確保できること。
- 医療的ケアが必要な子どもの場合、親が学校に迎えに行くまでの間、だれが子どものケアをするのか。
- 障害が重度であればあるほど、学校開始までどこにも預けられず、親も子どもも自宅にこもりっきりであった。また、震災後の心のケアなどで子どもたちの遊びの場や学習指導などが行われていたようだが、障害児を連れて行けるような場所はどこにもなく、親も子どももストレスが大きかった。

〈事例3〉市立特別支援学校小学部児童の母親Cさん

○震災時の学校の対応
・学校は避難所にはなっていなかった。
・安否確認や学校が休校の間の対応として、母親の携帯電話に担任の先生から連絡（震災直後の安否確認やその後の状況把握等）が、合計3〜4回くらいあった。

○その後の学校の震災への対応（避難所になったのか、防災対策はどうなったか）
・避難所としてではないが、当校の児童生徒に限り、家以外の慣れ親しんだ居場所として利用できるようになった。「発電機等、備蓄を確実にするようになった」と学校のほうからそのようなことを言われたような気がするのですが、備品の詳しい（具体的な）品目に関してはよく分かりません。

○これから、学校に対して思うこと
・個別の食料（注入に必要なもの）や薬、おむつ等の物品を年間を通して置いて（保管して）ほしい。
・震災の時は学校が休み（高等部の卒業式のため、小・中学部は休みであった）だったので子どもとずっと一緒にいることができ、かつ家も無事（家で過ごせる状況）だったので、学校から連絡がくる時以外に、直接つながりを持ったということはありませんでした。なので、学校の先生方がどのように動いていたのか、全く分かりませんでした。これが、子どもが学校に行っている時だったら、また違った思いが出てくると思いますが……。

〈事例4〉市立特別支援学校中学部生徒の母親Dさん

○震災直後

東日本大震災当時、娘が通う市立特別支援学校（以下、支援学校）は、

避難所に指定されていませんでした。そのため、一般的に言われる備蓄食料などは全くない状態でした。

　家は、Y小学校から数百メートルほどの所に居住していたので、そこが指定避難場所になっていたのですが、マンション群の中にあるため多数の住民が避難してくるだろうということは容易に想像できていたため、ここは災害の時に娘を連れて避難できる状況にはないだろうと最初から思っていました。

　事実、震災の翌日に注入に使用するお湯を求めて、夫だけがY小学校に向かったところ、重度・重複障害のある娘が入れるスペースなどはないことや、お湯を沸かす用意もないことを責任者から告げられ、それでも自宅で籠城状態では大変でしょうということで、おにぎりを3個いただいてきました。これが、わが家が指定場所からいただいた唯一の物資です。

○翌日、支援学校へ

　「学校に行ってみよう」と言う私の言葉を最初理解できていない様子だった夫と娘を乗せて、車で支援学校に向かったのは震災の翌日の午前10時ごろだったと思います。到着すると、学校の正面玄関の所に、急ごしらえの震災対策本部のようなものが出来上がっていて、当時の校長、教頭、数人の教職員がダルマストーブにあたっていました。

　「安否確認第1号です！」と、着いた途端に言われました。

　震災の当日、高等部の卒業式だったために小・中学部は休校。高等部も午前中の式を終えて、既に全員帰宅してからのあの地震でした。電話はおろか、すべての通信手段が途絶え、何度か訓練していたはずの災害用のメールによる安否確認も全く機能せず、教職員も自分の家族の安否を確認することで精いっぱいの状況では、担任している子どもたちの家々を回るなんてこともできず……。仙台市全域が通学の学区であるということは、こういう時に大変なんだ、と思いました。

　自宅から持参したやかんとペットボトルの水をそのダルマストーブで

沸かしてもらっている間、保健室のベッドを玄関口のところまで運び出してもらい、ダルマストーブを1台専用につけてもらって、娘はそこで暖かい状態で休ませてもらいました。担任している子どもたちの安否確認のためにあちこちに飛び回っていた先生たちが戻ってくると、みんな娘に声をかけてくれて、自宅では揺れるたびにジョキンと体を固くしていた娘が、穏やかな顔つきになって遊んでもらっている様子に、私も連れてきてよかったなぁと思いました。

　その日、夫は学校の近所の八百屋さんでオレンジを20個ほど購入してきました。給湯室に包丁などがあることを知っていたので、そこでカットしたオレンジを皆さんに振る舞いました。学校の事務室にお客様用にあったと思われるクッキーやスティックタイプのコーヒーなどが出されてきて、やかんで沸かしたお湯をみんなで飲んで一息つきました。前日から水もほとんど飲んでいなかったというような先生方も多数おられたのですが、みなさん本当に「あぁ、生き返る……」と言いながら、食べていました。

　自宅でもお湯を沸かすために、調理室にあるカセットコンロ1台とボンベを1本、そして当時の校長が「授業に直接関係ないもので、学校にある備品はなんでも出しましょう」と言ってくださったので、懐中電灯用の電池などや、作業学習のロウソク班が使用するためにPTA会長が勤務先の結婚式場からもらい受けていたキャンドルサービス用の百目ロウソクなどが提供されました。それと、旧校舎の貯水タンクの水が使用できる状態だったので、それをポットなどに入れてもらって持ち帰ることができました。

　震災翌日に支援学校を日中に訪れたのは、我が家の他にはPTA会長さんだけでした。翌日もまた登校することを約束して、午後2時頃帰宅しました。

〇支援学校へ通い炊き出しを行う

　震災の翌々日、豚汁くらいなら炊き出しできるくらいの材料が自宅に

あったため、材料を持って家族で支援学校に向かいました。
　途中、自宅近くのお寿司屋さんで刺身を売っていたので、それも購入しました。また学校から借りたカセットコンロのお蔭で圧力鍋で炊飯もできたので、5合炊いて、小さなおにぎりを1個ずつラップでくるんで宅配用発泡スチロールの箱に入れて持ち込みました。ダルマストーブの上に、調理室にあった一番大きな鍋をかけて、自宅から持っていった材料を入れて豚汁を作り、紙コップで1杯分ずつですが、20人ほどの教職員の方々と暖かい食事をとることができました。もちろん娘は暖かいベッドと当時の担任の先生による「個人授業」があり、バタバタと慌ただしく安否確認に向かう先生たちには癒しを与えていたようです。
　この日は、正面玄関の対策本部に仙台市全域の地図が持ち込まれ、生徒たちの居住地にはシールが貼られ、安否確認がまだの子どもが何人いるかなどがはっきりしてきました。
　震災時にも使用できるはずの緊急連絡用の電話も使用できず、事務員さんが近くのZ病院に出かけてそこで教育委員会などと連絡をとっていました。携帯電話の充電器もない状態で、次々に充電が切れてしまっていたようで、予備があったので家から持ち込んでいた乾電池式の充電器は校長先生に「学校の緊急連絡用の電話の充電に使いたい」と言われて、提供しました。
　この日、小学部のお子さんのお父さんが様子を見に来られました。また明日もお昼頃炊き出しをするつもりだと伝えると、食材を持ってくると言って帰っていかれました。
○在校生の安否確認
　次の日は月曜日で、教職員は事情がない限り勤務に来られていました。本格的に避難所などを回って、生徒たちの安否確認をするということでしたが、ガソリンが手に入らない状況にあり、かなり遠方でも自転車で向かう先生方が多数おられました。
　この日も娘は暖かいベッドの上で、先生に相手をしてもらっている間、

私は20人分くらいを目安にして炊き出しをしていました。前日に材料を持ってくると言っていた方が、肉などの食材を提供してくださったので温かい汁と温かいおにぎりをつくって出したら、小学部の子のお母さんが、「どんなに街の中を歩きまわっても手に入らなかった温かい食べ物がまさかここで食べられると思っていなかった……」と泣いていました。冷たい食べ物が苦手で、震災からほとんど食事をしていなかったというお子さんがものすごい勢いで次々食べていく様子を見て、ほっとした様子でした。

　我が家は、ライフラインはすべてダメだったのですが、水は出ていたという地域に住んでいた先生が、震災の翌々日に18リットルのポリタンク2つに水を汲んで持ってきてくださいました。次の日にも、我が家から持ってきた2リットルのペットボトルに何本も水を汲んで持ってきてくださったので、学校の貯水タンクの水が飲料用に向かない日数になってきた頃からは、その先生の家からの水が我が家の命の水になっていました。

　明かりは学校から持ち帰ったロウソクや乾電池で、煮炊きは学校から借りたカセットコンロ、水は学校の貯水タンクと先生が運んできてくれたもの。ストーブで暖めてもらいながら、知っている場所で知っている先生たちに代わる代わる相手をしてもらっていた娘は、精神的にも落ち着いていられましたし、自宅にいては分からなかったであろういろいろな情報も学校にいる間に教えてもらったり、何よりも一番不安だった時期を一緒に乗り越えていく同志がいるような気持ちで過ごすことができました。

○学校再開

　震災時、避難所に指定されていなかったため、学校の再開はかなり早まりました。当時小学部6年生だった娘は、予定されていた時期よりも2週間遅れではありましたが、3月31日に卒業式も開いてもらいました。

　ガソリンがまだ入手困難な時期が続いていましたが、学校からの電話

で、もしも自家用車での登校が難しいようなら、1台だけスクールバスの手配ができたのでそれで自宅まで迎えに行くことも可能だけどどうしますか、という連絡が来ました。わざわざ山形から1台分だけのガソリンをなんとか手配したということでした。

　給食も、食材の手配ができず、とにかく子どもたちが口にできるものだったらなんでもいいから持たせてください、というような状態ででも、学校を再開したのは、現在の校長（平成18年頃まで支援学校の教頭だった）が、「1日でも早く、子どもたちを以前と同じ環境においてあげたい」という思いを強く抱いていたからだ、と聞きました。

　ガソリンが手に入らない上に、道路状況もかなり悲惨で、仙台市全域を回って子どもたちを乗せてくるスクールバスも時間通りに到着できるはずもありません。児童生徒は全員生存確認をされたものの、家族を失った教職員も数人おられたり、自宅が全半壊したり津波で流されたり……。避難所での生活では、全く落ち着かない子どものために、無理をおして自宅に帰った方などもいて、生活状況は決して良いものではないけれど、"とにかく学校を再開して子どもたちを預かっている間に、保護者は生活の立て直しができるように"というような願いもきっとあったのでしょう。そして、4月9日には入学式が行われました。

○震災後の学校での対策

　震災当時、私はPTAの役員をしていたので、PTA会長などに備蓄の必要性を訴え続けました。会長は、近隣の支援学校との協力体制が必要になるといろいろな会議などでも話をしてきてくださっていたようです。本校は、学区が仙台市全域なため、居住地の近くに県立の支援学校があるケースも考えられます。また逆のパターンで、本校の近隣に居住しているけど県立の支援学校に通学している場合も考えられます。ガソリンなどが手に入りにくい状況が想定される時に、通学している遠方の学校を頼るよりも近くに障害児の知識を持つ学校があれば、そこに避難させてほしいと考える保護者もいるだろうという考えからでした。

一方、震災当時の校長とは、支援学校が福祉避難所になった場合についての議論もしてきました。福祉避難所に指定された場合、災害用の備蓄などはできるけれど、障害児だけではなくお年寄りなどの受け入れもしなくてはならない。地域性から、年配の方々がかなり多く居住しており、その方々を受け入れる場合は学校の再開が大幅に遅れる可能性がかなり高い。ただでさえ、変化を苦手とする子どもたちが多数通学する本校に、知らない人々が毎日多数出入りするということでは、今回の震災時に避難所でどうにもならなかった子どもたちと同じような気持ちになってしまうのではないか。ただ、避難所に指定されると必ず教職員を何人か泊まりで配置させなければならない。また、独身のひとり暮らしの教職員などは、自宅に帰るよりもそういう理由付けで学校にいたほうが安全な場合もある、などという話を聞きました。

　結論として、子どもたちが学校いる間にもしも今回のような災害が起こった場合、最低２日程度は学校で預かれるような体制を整えよう、という動きが、震災の後の新学期から始まりました。

　医療的ケアが必要な子どもにとって、電気がないのは命取りになってしまうということで、カセットボンベで動くタイプの発電機（62頁参照）を１台購入してもらいました。その他にも、各学部に１台ずつの発電機が支援物資と義捐金で購入されたのですが、値段の関係なのかガソリンタイプのものばかり。ガソリンの備蓄は難しい上に、あれだけガソリン不足で大変な思いをしたのに、なんと現実味のない購入！　と猛抗議して、カセットボンベタイプを購入させた次第です。

　水の備蓄、毛布の備蓄も始まりました。置き場がなかったので、専用の倉庫を建設することになり、それができるまではクラスごとに、そのクラスの子どもたちが各家庭からもってきたレトルト食品などを２日分収納ボックスなどに入れて備蓄するということになりました。

　医療的ケアが必要な子どもたちは、それ以前から２日分の薬は保健室に、２日分の食料はケア室に保管しておいてもらうことになっていまし

たので、大きな変化はありません。

　また、学校のエレベーターは震度4以上の地震では緊急停止してしまい、安全が確認されるまでは動きません。肢体不自由児の人数もかなり多くなり、そういう子どもたちが2階、3階で授業中に災害が起こった場合に、大人4人がかりで車いすごと避難させるというような訓練も行っているようなのですが、そのほかにも階段に簡易取り付けのできる移乗機械も購入していました（1台だけですが）。

　「障害児」といっても様々で、身体的に問題のない子どもさんの場合と重度・重複障害の子どもさんでは注意点も備蓄内容も大きく違います。そのため、直接的にそういう子どもを知らないであろう方々が準備してくださったものでは、何の役にも立たないものが出てきます。一般的な備蓄食料をどんなに提供していただいても、医療的ケアを必要とする子どもたちだけではなく、自閉症児などでも口にすることができないことが多いと想像されます。

　本校は小学部1年生から宿泊学習があり、親と離れて夜まで過ごす様子を先生たちも知る機会がわりと早くからあるのですが、可能ならば学校に宿泊してみる機会があればいいのかなと思います。2日分の食料を備蓄することになったのも、仙台市全域から通学している子どもたちの親が迎えに来るのに2日くらいはかかるかもしれないということからでしたが、実際に学校に泊まってみる経験をすると、食料だけでなくもっと必要なものが出てくるかもしれないのではないかと思います。

○学校との関係性

　学校が再開して、クラスメートの保護者たちと話す機会があった時に、震災の翌日から学校でこんなふうに過ごしていたという話をしたら、学校に連れて行こうという発想が最初からなかったという保護者がほとんどでした。我が家の場合は、毎日送迎していて、たまたま私がPTAの役員も続けていたので、学校の仕組みも備品のある場所も知っていましたが、一般的にはそこまで近い関係性はもっていないのかな、と感じま

した。

　私が地域の指定避難所の学校を頼ろうと思っていなかったのと同じように、支援学校の保護者が支援学校に対して思っているのだとしたら、どんなに備蓄をしても生かされないような気がします。もっともっと積極的に学校ともかかわっていかないと、いざという時に何もできずに終わってしまうのではないかという危惧があります。私は震災後もPTAの役員をしているので、せめて学校行事にでも保護者の積極的な参加を求めていきたいと活動しています。自分の子どもがお世話になっている学校に対して、びっくりするくらい関心の薄い保護者が本当に多くいます。場所や物などのハード面の充実ももちろん必要ですが、心のあり方などのソフト面でもいろいろ備える必要があるのではないかと感じています。

〈事例5〉双子の小学生の母親Eさん

　私には双子の娘がいます。小学5年生11歳、二卵性なので顔は全くと言っていいほど似ていません。小さいながらも元気に生まれた二人ですが、長女は、生後3カ月の時に点頭てんかん（ウエスト症候群）という難治性のてんかんを発症し、そこから発達は著しく遅れ、重度の障害を負うことになりました。

　重い障害があろうとなかろうと、私たちにとっては大切な娘たち、二人一緒に育てていくことは当然のことで、多少余計に手はかかるにせよ、同じように育ててきました。そして、当然社会の中でもそうしてもらえるだろうと思っていました。しかし、現実はそうではありませんでした。

　3歳を迎え、周りのお友達は保育園・幼稚園への入園を決めていました。「うちも入れたいな……。でも、長女は障害があるから、障害児保育を謳っているところへ二人一緒に入園させよう！」と市内のふたつの公立保育園に入園の申し込みをしました。ところが、結果はどちらからも長女の入園は許可されませんでした。障害が重すぎるからという理由

でした。「そういうことがあるんだ」と初めて気がつきました。権利の意識とか差別だとか深く考えたこともない私でしたが、ここで初めて長女が社会から特別な存在として見られていると知りました。同じ日に生まれた二人の娘、私にとってはどちらも変わらず大切な存在なのに、「一人はいいけど、もう一人はだめってどういうことだろう」なんだかおかしい、なんだか悲しい……。そこが原点となり、二人一緒に地域の中で育てていくことを選び続けてきました。そして今は、知的にも身体的にも重い障害がありますが、地域の小学校の特別支援学級に在籍しています。

〇震災当日

　震災のあの日は、進級を目前にした２年生の３学期、あと数日で修了式という日でした。長女だけは特別支援学級の低学年ということで、当時はほかの児童より早い14時の下校でした。学校に迎えに行き、今日も頑張ったことを担任の先生から聞き下校、そのまま放課後を過ごす児童デイサービスの事業所に送り届けました。私は二女の下校時間まで間があるので、夕食の買い物をするためにスーパーに立ち寄り、そこで14時46分を経験しました。

　自宅に帰ると、家の中は足の踏み場が全くない状態。どうすることもできず、まずは娘たちを迎えに行かなければと我に返りました。どちらを先に迎えに行ったらいいか迷いました。長女がいるのは入学前からお世話になっている事業所、少人数で過ごしているのできっと命を守ってくれていると信じ、まずは二女を迎えに学校に向かいました。到着すると子どもたちは校庭の真ん中に避難していました。600人近い児童は全員赤白帽子をかぶり、上靴のまましゃがみこんでガタガタと寒さと恐怖に震えていました。ちょうど担任の先生方が校舎から子どもたちの上着を持ち出し、一人ひとりに手渡しているところでした。先生方は必死で子どもたちの命を守ってくれていました。

　二女の無事を確認し、力が抜けました。無事でいてくれてよかった！

心の底から思いました。それと同時に、もし長女がここにいたら、二女と同じように無事に非難することはできただろうか、校庭に出て雪が降り出した中、どのようにして過ごしていただろうか、と想像すると怖くなったのも事実です。二女を引き取り、長女のいる児童デイサービス事業所に向かいました。長女はスタッフさんにしっかり守られ、無事でいてくれました。怖かっただろうに、泣くこともなく、状況から逃避するかのように眠りに入っていました。

〇支援学級に対する不安

　重い障害がある子を地域の小学校に通わせている親の立場から、震災を経験して学校で起きたことに対して感じるのは、災害時、学校全体としての避難は想定されていて、よく訓練されていましたが、特別支援学級児童の個別の細かな対応などは行われてこなかったことに対する怖さです。

　地域の小学校の特別支援学級の児童は、たくさんの子どもたちの中の一人です。もちろん特別支援学級に担任はそれぞれいますが、長女の通う小学校の特別支援学級は、当時4学級17人の在籍児がいました（その後はさらに増え、5学級20人です）。特別支援学級は、教員の配置割合が支援学校とは異なり、1学級8人までの児童に1人の担任です。重い障害のある児童が在籍していてもそれは変わりません。圧倒的に人員が不足しており、非常時に十分な対応ができるとは考えにくいです。それは現場の先生方も日々感じて悩まれていることです。

　あの震災が起きる前に、学期に1回、避難訓練がありました。きちんと取り組んでいたお蔭で、あの校庭への避難が迅速にできたのだと思います。子どもたちが赤白帽子をかぶり、上靴のまま整然と先生の後に続き非難する姿が容易に想像できました。しかし、車いすに乗り、自ら動くことも、危険を察知することも、地震であることすらも分からないかもしれない長女が、先生と避難する姿は私には想像することができませんでした。学校にいなくてよかったと思ったのが本音です。

○障害の重い子どもの命を守れる体制を

　インクルーシブな教育をめざし、文科省は親が望めばどんなに障害が重い子どもも、地域の学校で教育を受けることを最大限尊重してくれるようになりました。私たちも、このことにより、たくさんの子どもたちと一緒に大きくなる喜びと、お互いに理解し合いながら成長していく子どもたちの姿を毎日学校生活で見ることができるようになり、共に学び共に育つ姿をおぼろげながら形にできるようになってきました。しかし、共に学ぶことができるのは、障害の重い子の命を守ってこそです。

　地域の学校で重い障害のある子が学ぶには、十分な教育環境は整ってはいません。それは私たち親が一番悩み、就学先を決断する時、地域の学校を選択することを躊躇させるものです。それでも選択するのは、やはり子どもたち同士の育ち合いの素晴らしさを諦めることができないからです。平常時は十分な教育環境が整わなくても、学校の最大限の努力と親が協力することで何とかやっていくことができます。

　しかし非常時には、それが命を守ることを危うくします。万が一不幸な結果が起きれば、地域の学校を選択したからか……、と親も学校の先生も自責の念から抜け出せなくなります。教育環境を整えることは急務です。特に人員の不足は大きな問題です。特別支援学級の在籍児童が年々増加する今日、教員配置数は支援学校と同じにすることが必要だと感じます。

○震災後の防災対策

　長女の通う学校では、震災後毎月避難訓練が行われるようになりました。各教室には避難用持ち出しリュックが準備され、防災グッズのほかに子どもたちの緊急連絡先や顔写真が入れられました。長女への対応も学校再開と同時に両親が立ち会い、1階からの非難、2階からの抱っこでの避難と、いくつかの場面を想定して確認し合いました。長女の避難には抱っこする人、車いすを運ぶ人と最低でも2名の人員が必要です。人員の不足は、担任外の校長先生・副校長先生・教務主任・主幹教諭の

先生方が協力し、長女の担当を決め必ず駆けつけ避難にあたるということで補うことになりました。長女が担任外の先生に抱っこされ避難する姿が想像できるようになりました。

　支援学校ならば緊急時の対応として行われている、数日分の薬の保管や、その子に合った食形態の保存食・おむつなどの衛生品の準備は、親が主導権を持ち学校にお願いしていくことになります。普通の学校では気づかないところです。そして命が守られた後は、支援学校と連携をとり、緊急時にはお互いが連携し合い、障害のある子の教育に当たってもらうことができれば、安心です。

　その仕組みは県と市の教育委員会がつくってくれたらいいなと思います。今回の震災後も、支援学校には全国各地からいろいろな分野の先生方や、療育関係の方々、教育系の大学の学生さんなど多くのボランティアさんが入り、子どもたちを楽しませ、親の心の支えになったと聞きます。私たちの地域だけかもしれませんが、長女のように重い障害のある児童がいても、地域の学校には届けられなかった支援です。

○学校が閉鎖されている時の子どもの過ごし方について

　もうひとつ、今回のように学校が長期閉鎖となった場合の子どもたちの過ごし方についても考えておかなければいけないと思います。私たちが暮らすのは岩手の内陸で、津波被害こそなかったですが、学校の受けた被害は非常に大きく、北校舎、南校舎と2棟あった校舎のうち、北校舎は使用することができなくなりました。そこから学校は長い休みとなり、安全が確保された南校舎に全学年を詰め込んで授業が再開したのはゴールデンウィークの直前、4月末でした。

　我が家の場合、小さい時からお世話になっている事業所があり、そこがライフライン再開からすぐに送迎を含め日中預かりを行ってくれたので、とても助けられました。子どもは学校に行くこともなく、散歩などの外出もできずにおり、親は家の中の片づけや物資の調達などに追われ子どもにしっかり向き合う余裕はありませんでした。絵本を読んだり、

身体を動かしたり、誰かとコミュニケーションをとったりと、重い障害のある子にとって大切な学習は、この期間、学校の代わりに事業所が行ってくれていました。また日頃から通い慣れている場所・スタッフさんだったので、安定した心身の状態を保つことができ、いち早く日常を取り戻すことができました。

今になって考えれば、学校の安全が確保できるまでは、日中過ごしている事業所に学校の先生が訪れて学習したり遊んだりすることもできたのではないかと思います。日頃から学校と、利用している事業所とは連携しておく必要があると感じます。親である私たちも間に入り、情報を橋渡しする努力をしなければならないと思います。教育と福祉の連携・協働の大切さを改めて強く感じています。

震災から2年が過ぎ、子どもたちが通う学校は、この春ようやく建て替えのため仮設校舎建設が始まりました。地震に強く、エレベーターがあり、だれにでもやさしい新校舎が完成するのは2年後です。残念ながら娘たちは卒業してしまいます。それでもこの大きな災害が起きた時に、地域の学校に長女のような重い障害のある子がいたことが、新しくできる地域の学校の建設や、先生方や、かかわりのある方々の意識の中に、何かしらの影響を与えることができたのならば、辛い経験は無駄ではなかったと思いたいです。

4　保護者の声を受けて

上述の保護者に対する聞き取り調査の結果や保護者に提供していただいた手記により、特別支援学校や特別支援学級のある小・中学校の課題としては、以下のようなことが挙げられているように思う。

1）避難場所としての学校の役割

　第一は、「避難場所としての学校の役割」である。障害のある子どもが一般の避難所を利用することは無理であると考える保護者は多く、実際に短時間・短期間でもそこを利用して辛い思いをした方がいた。

　そのため、障害のある子どものことをよく知っている教職員がいる特別支援学校が避難所となってくれればとても安心できるという保護者の思いは理解できる。一方、特別支援学校を福祉避難所として位置づけることに対しては、事例4のDさんの手記からメリット、デメリットの両方があることをよく了解していく必要がありそうである。

2）災害時に子どもが学校にいた場合の対応

　第二に、「障害のある子どもが学校にいた場合の学校の対応」である。聞き取り調査においては、今回の震災発生時に子どもは学校にいて、親はすぐには迎えに行けなかったという場合があった。

　一方、手記からは、宮城県の特別支援学校の場合は高等部の卒業式と重なって児童生徒が学校にいなかった。また、事例5の小学校の特別支援学級に在籍するEさんのお子さんは通常学級の子どもたちよりも早くに下校していたこともあり、親の近くにいた。だが、手記を寄せた保護者たちからは、もし子どもが学校にいた場合は、避難にあたって誰がどのように子どもの命と安全を守ってくれるのか、悪天候の場合はどのように保護されるのか、医療的ケアの実施はどのようになされるのかということについて不安が出された。

　これらについては、子どもがすぐには帰宅できなくなることを想定して、2日分ほどの食料、薬、おむつや生理用品、衣類等の保管を学校が行う準備が進んでいるようであるが、「障害のある子どもが学校にいた場合の学校の対応と保護者との連絡・連携」や「保護者が学校に行くまでの医療的ケアの確保（電源、実施者、注入物）」等についてはさらに検討を進める必要がある。

また、「災害時を想定した宿泊学習の必要性」が述べられていた。どの支援学校も、宿泊学習にあたっては先生方が災害時の避難経路の確認は必ず行っていると考えられるが、実際に避難訓練が行われているのか、行われているとするならばどのように実施されているのであろうか。

さらに事例5のEさんからは、「緊急避難を要する災害時に特別支援学級の児童生徒を支える人員対策」について、強い要望が出された。

3）学校再開までの子どもの居場所

第三に、「閉鎖された学校が再開されるまでの子どもの居場所（散歩にも遊びにも出られない）」にかかわる課題が出された。

芸能人やスポーツ選手を含む多くのボランティアが被災地を訪れて子どもたちと遊んだり、心理士が心の問題に取り組んでいるニュースを聞くが、そこに障害のある子どもがどのくらい含まれているのかは知らない。多くの障害児が、学校が閉鎖されている期間、自宅の中にいたり、そのため保護者が買い出し等に行けなかったこと、ストレスが高まったことを取り上げていた。放課後支援の事業所からデイサービスの支援を受けていた母親（事例5のEさん）は、学校と事業所等とが連携し、教師が学校以外の場所で子どもにかかわることを検討するニーズを述べていたが、その検討価値はあると思う。

4）特別支援学級児童への支援体制

第四に、第三とも関係するが、全国から支援学校の児童生徒に届けられた人的支援が、小学校の特別支援学級には届かない現実も指摘された。同様に、小中学校に届けられた人的な支援活動がもっぱら障害のない子どもたちに向けられて、その中の特別支援学級の子どもたちに及んでいないことはなかったか、あったとすればこの子どもたちは「支援活動の谷間にいる」状態となる。その可能性のある子どもたちに、目を向けてもらうには、やはり支援学級の担当教師に大きな声を上げてもらう必要

があるように思う。実際に、そのような声が上げられそれに応えた活動があったのであろうか。

5）広範囲にわたる在籍児童生徒の安否確認

　第五に、校区の広い特別支援学校における児童生徒の安否確認の方法である。3人の母親からは、学校からの安否確認がメールや直接の訪問によりなされていたことが述べられていた。また、支援学校にいて先生方の動きを見ていたDさんからは、先生方が手分けして自転車等を利用して子どもたちの安否確認に奔走している様子が述べられていたが、広い校区にいる児童生徒全員の安否確認が終了するまで何日を要したのであろう。また、その確認方法はどうしたのか、想定を超えた問題が生じなかったのであろうか。

＊　　＊

　以上の五つの課題については、本書の2章以降でも取り上げられるが、同時に、特に重い障害のある子どもたちの教育に携わる方々には今後とも検討を続けていただけることを願っている。

第2章　重度・重複障害児・者の被災と、防災への提言

菅井裕行
震災発生時　宮城教育大学教育学部教授

　震災発生時、宮城県下の特別支援学校は多くが卒業式を終えた直後であった。ある学校では、すでに大方の児童生徒は下校しており、校内にはわずかの児童生徒しかいなかった。またある学校では、ちょうどスクールバスで下校に向かいつつある、その時だった。ある学校では、卒業式には卒業生の子ども以外には一部の学年しか登校しておらず、多くの子どもたちは自宅にいた。

　通常、災害時には直ちに保護者に連絡が行き、引き取りの手はずが整えられる。学校は可能な限り迅速に保護者のもとへ子どもを引き渡すことに努力することになっている。しかし、あの日はそれが困難であった。原因は連絡方法（通信網）と交通手段の遮断である。ある学校では夜半になってようやく家庭と連絡がつき、引き渡しが可能になった。少なくない子どもたちが結局、その日の帰宅が難しく、教職員と共に学校に泊まり込むことになった。そして一部の子どもたちは、その泊まり込みが数日にも及んだ。沿岸部に住まいがある子どもたちの場合、保護者と共に帰宅したくてもそれがかなわないケースもあった。すでに津波によって自宅そのものが損壊・消失していたからである。

　このような状況下、特別支援学校教師の多くは、まず在籍する子どもたちの安全のために、文字通り奔走することとなった。通信網の破壊は状況把握すら困難にしたので、目の前のことは分かっても、地域全体がどうなっているか、東北全体がどんな状況に直面しているのかを把握することはできなかった。つまり、緊急事態の全体像も見えず、何をどう

していいか先も見えない手探りの状態に瞬時に陥ったのだった。

　本稿では、筆者が知り得た当時の状況と、その後今に至るまで集め得た情報をもとに、特に重い障害のある子どもたち、教育用語としては「重度・重複障害児」と言われる子どもたち（以下では便宜上、重複障害児と記す）のことを中心に、大災害時にいかなる危機にさらされたかをまず整理したいと思う。その上で今回の災害において特別支援教育教師が直面してきたことについて取り上げ、最後にこれからの防災に向けて提言したい。

　なお、東日本全体の状況を網羅的に取り上げることは力が及ばないので、筆者の生活の場が宮城県仙台市にあることと、震災時以降、石巻地区および福島県の特別支援学校への支援に関係したことから、これらの地域での体験や調査・伝聞をもとに記述を進める。

1　重複障害児・者が直面した生命危機

　今回の震災発生時に、医療機関は阪神・淡路大震災の経験を活かして、すぐに緊急対策を図ったと聞く。阪神・淡路大震災のときは、たくさんの負傷者、それも外傷と挫滅症候群が大多数を占めていた。全体の44.5％がそれらの人々であったし、このうちの75％の人々が震災発生後３日以内に入院していた。医師たちは今回もそのような事態を想定して待機していたが、実際には数日たってもそのような患者の数は増えなかった。医師の元に運ばれたのは、津波肺、低体温、そして慢性疾患患者であったという。死因はほとんどが津波であり、それ以外には長引く停電、地域の病院の機能停止による結果である。その後の調査では、いわゆる圧死は4.5％であって、圧倒的だったのは溺死で90.5％を占めていた。焼死は１％であった。

　かろうじて津波の被害から逃れることができた、あるいは救い出され

た人々の中にいた重複障害児・者が次にさらされたのは、それまでの日常生活を支えていた医療的インフラがほとんど機能しない、あるいはいつ機能停止になるかどうか分からない状況下での生命維持の問題であった。筆者が出会ったケースをいくつか紹介したい。

生命維持困難のさまざまな事例

吸引・吸痰、水、薬

　ある重複障害児の家庭では、停電になった時点ですぐに予備バッテリーの容量をチェックし、電気の回復が当面見込めないとの予測を立てて、急いで地域の基幹病院への搬送を試みた。停電時には、被災者には全体状況そのものが届かない。テレビ、インターネットはダウンし、電話・ファクスは不通になる。ラジオが情報を得る唯一の手段であった家庭が多いが、ラジオはしばらく不使用であったために探し出せなかったり、ラジオも含め家財のほとんどを津波でさらわれた家庭もあった。救急車を呼ぶ手段もないなか、自家用車で病院へ向かったところ、たどりついた病院はほぼ「野戦病院」状態で、廊下、ロビーをはじめいたるところに人があふれており、とても診察・治療・入院にたどりつけそうにない。必要な医療具と補給のための薬を受け取って、また自宅に戻り、自家用車のシガーソケットから電気を取って、吸引・吸痰を行ったという。

　また、ある家庭では、断水状態が続く中でなんとか水を確保すべく給水車を待ったが、給水車が停車し地域の住民に水の補給をする場所が自宅から離れたところだったため、ほとんど利用できなかった。水を運搬するためのポリタンクやコンテナのようなものは用意されておらず、仮にあったとしても、その距離を女手で、かつ徒歩で運搬することはできない。さらに、震災発生後しばらく続いた低温気象（降雪もしばしばであった）のため、電気不要の旧式石油ストーブで暖をとったが、そのせいもあってか、いつにも増して痰の排出が多く、しかも粘度が高かった

ため、ひっきりなしに吸引が必要で、給水車まで水を取りにいく往復の時間、子どもを待たせておけない状態であった。

　実際に自宅が沿岸付近にあって津波にのまれた家庭では、地震発生後、直ちに自家用車で逃げたが、必要最小限の医療器具と薬を持ち出せたものの、その後も続くことになった長期の避難生活を予測する余裕もなく、「着の身着のまま」状態での避難であったため、その後直ちに、薬や医療器具の不足に直面することになった。付近の小学校に地域住民が避難していたので、その中に入って退避したが、帰宅困難となってそこでの避難生活が始まった。震災発生直後は、普段であれば10人程度の子どもが活動する小教室に、大人と子ども総勢40人近くが入り込むことになったため、成人男性は夜は膝をかかえて眠り、すし詰め状態であった。当初はその場に医療器具を広げることもできず、抱きかかえるようにして横になるのが精いっぱいであった。

　筆者が泊まり込んだ避難所には、高熱を発して基幹病院で診察してもらったところ、本来なら入院加療が必要な状態であったにもかかわらず、緊急度の観点（トリアージ）から受け入れてもらえず発熱の状態のまま避難所に戻ってきた子どもが横になっていた。親は携帯電話を片時も離さず、夜通し見守っている状態であった。自宅は津波で完全に崩壊したという。

酸素吸入

　酸素吸入を必要とする子どもたちの中には、適切な支援のお蔭で危機から生き延びた子どもたちがいた。その生命維持は、本人の生命力はもちろんのこと、支援者の働きといくつかの幸運に支えられた面がある。

　常時あるいは頻回に酸素吸入を必要とする子どもたちは、大規模災害時に極めて危険な状況にさらされやすい。この危機を回避できたのは、酸素会社の目を見張る緊急時対応があったからである。会社は行政による支援システムが起動する前に自前で情報を集め、直ちに緊急車両の指

定を取り付けて、まだ通行制限のある道路を（実際、亀裂、段差がいたるところにあって、数回にわたるタイヤのパンクを経験しながらも）酸素ボンベを運搬し、各家庭に届けていた。

　重複障害児たちはほとんどが自宅にいて、避難所に来ることはなかった。ガソリン不足と医療的ケアの対応を考えての判断であったと聞く。呼吸器等を常時必要とする子どもたちは、そのほとんどが病院にてケアを受けた。街が崩壊した石巻では、日赤病院の中に「酸素部屋」ができて、入院治療はできなくともそこに来れば酸素を供給してもらえた。仙台市内の場合、例えば重症児が多く入院している拓桃医療療育センターでは、停電時のために3日分の非常用電源のための重油が用意されていて、3日経っていよいよ電気の回復が見込まれない状況になって、入院患者はすべて、すでに電気が回復していた東北大学病院に搬送された。かくして、被災地の重複障害児はかろうじて命をつなぐことができたのだった。次に、この被災状況の中でみられた障害のある子どもたちの変化についてみてみたい。

2　子どもたちにみられた変化

　東北地区知的障害特別支援学校校長会のアンケート資料（2011）によれば、子どもたちの被害の状況は表1の通りである。

　震災後の子どもたちの様子について、何らかの変化が認められたケー

表1　子どもたちの被害の状況

（回答数：人・件）

	青森	岩手	秋田	宮城	山形	福島	合計
死　　亡	0	3	0	5	0	1	9
負　　傷	0	0	0	0	0	0	0
建物全壊	0	16	0	79	0	0	95
建物半壊	0	19	0	67	0	1	87

出典：東北地区知的障害特別支援学校校長会「被災状況アンケート」（2011年）より。

スが数多くあり、その内訳として不安や恐怖、情緒不安定、摂食障害、睡眠障害、自傷・他傷などが挙げられている。福島大学でも、松﨑博文教授を中心に調査が行われ、福島県内の特別支援学校全23校、2107人の調査結果がまとめられた（松﨑ら、2011）。それによると、次のような変化がみられたという。

・反復的、侵入的苦痛の想起……突然怖かった体験を思い出し、怖がる、繰り返し話す、フラッシュバックなど（年少ほど多い）
・回避、活動および関心の減退、感覚や感情の麻痺……地震や原発関連のニュースや話を避ける、無口、引きこもり
・感情麻痺、抑うつ傾向（年長ほど多い）
・過覚醒や不眠、集中困難、情緒不安、頭痛、食欲不振などの身体症状
・パニック、奇声、自傷、徘徊のエスカレート

　筆者自身が震災直後の家庭訪問先でみた子どもの姿も、表情に乏しく、身体の動きもぎこちなさが目立ち、まさに変化した姿であった。避難所になっていた石巻支援学校に訪問されたある理学療法士は、学校を会場にしたリラクゼーションのイベントを行ったが、その際、子どもたちの身体がとても「固くなっている」ことに驚かれていた。子どもたちを連れてきた母親との会話から、震災以降なかなか自宅で以前のようなマッサージや身体運動をさせてあげたりする機会がなくて、「ついついほったらかしてしまっている」という話題が多く聞かれた。

　これらの「症状」の中には震災直後には多くみられたものの、時間が経過し、余震が減少するとともに次第に消失していったものもあった。後ほど述べるように、学校再開後は、それまでの状態が嘘のように回復した子どももいて、ここにみられた変化が震災の様々な影響によって生じていたことが分かった。どのような事情がこれらの子どもたちの変化に作用したか、以下には、それらの影響の中から思い当たるものを取り上げてみたい。

(1) 生活環境の変化

　一時的にせよ、生活の場を急に変更することになった子どもたちは、それぞれに戸惑いや不安、不適応を起こしていたようである。避難所への避難を余儀なくされた家族が多くあったが、障害のある子どもを抱える家族の多くが、避難所への避難を断念したり、一時的には身を寄せてもすぐに退出して他の避難場所を求めたという報告も多い。重複障害児の多くは、震災発生後一時的に避難所に避難した場合であっても、自宅に戻った。もっとも沿岸部にあって自宅が津波で流された家庭や泥に浸かってしまった家庭は、戻れないから、親戚や知人を頼ったケースもある。

　住み慣れた住環境にいることは、環境順応に弱さをもつ子どもにとって重要なことであった。わずかな環境変化への適応が難しいために体調を崩したり、行動に滞りが生じやすい子どもにとって、もっとも安心できる環境はやはり自宅である。医療的なケアが必要な子どもの家族にとってみれば、処置の道具や備蓄がどこにあるかが分かっている家庭のほうが安心であったであろうし、子どもの体調チェックも分かりやすかったのではないかと思われる。

　石巻では、自宅へ戻ることができず、避難所で過ごす中でてんかんの重積発作を起こして亡くなったという方がいた。震災発生時の一時的避難は致し方のないこととしても、その後の生活環境は、可能な限り子どもにとって安心し落ち着ける場所が望ましい。重複障害のある子どもにとっては、一層重要である。

(2) コミュニケーション環境の変化

　震災後のコミュニケーション環境はどうであっただろうか。重複障害児の中には、視覚や聴覚など感覚に障害を伴う子どもが少なくない。あるいは感覚情報の入力があっても、脳内におけるそれらの情報処理に困

難を伴う場合もある。単なる「声がけ」や「モノの提示」だけでは十分な情報が伝わらないため、日常的に、より分かりやすい情報提供が工夫される必要があるし、この子どもたちの発信はしばしば微弱で、かつ読み取りづらいことが多い。そのため、受け手が積極的に、時には思い切った解釈をしながら「読み取って」いくことが求められる。こういった特別なコミュニケーションを必要とする子どもたちである。

　震災発生直後はいうまでもなく、その後の生活においても、受け手である周囲の大人に、上記のような特別なコミュニケーションを展開させるゆとりがなく、十分なコミュニケーションが展開しないままに暮らさざるをえなかった子どもが多くいる。日頃であれば、当たり前になされる「話しかけ」や、触れ合い、表情の変化や小さな身体の動きに応じてもらえるコミュニケーションが不足し、停滞する状況があった。このことが、体調の悪化、食欲の低下、常同行動や自傷行動の増加といった、先述の子どもたちにみられた変化に関係している可能性は大きいと思われる。

(3) 生活サイクルの変化

　生活サイクルの点ではどうだろうか。震災前に、定常的に学校に通えていた重複障害児にとって、最も大きな生活サイクルの変化は、長期にわたる学校閉鎖であろう。

　被災地域では、多くの支援学校は3月の終わりの段階もしくは4月の段階で開校したところが多い。被災地域でみると、4月初旬に始業ができた学校は、岩手県では24校の支援学校のうち8校、宮城県では0校、福島県では21校のうち13校であった。宮城県では県立18校は4月21日を始業日としたが、石巻支援学校は学校を避難所として開放したこともあって、5月12日になってようやく開校できた。

　学校生活がないということは、日常生活のリズムの乱れを生みやすい。このことは、例えば夏休みなどの長期休暇時に生活リズムが乱れて体調

を崩す例が少なくないことからも分かる。毎日の生活がリズムを欠くと、子どもは予測を立てづらくなり、多様な変化に対する自己コントロールで苦労する。そのようなコントロールが不得手な子どもたちに対して、今回の災害は、長期にわたる不安定な生活を強いることになった。そうして実際に、子どもたちには様々な不適応症状が現れたのだった。

　この経験を通じて、定常的な生活サイクルがある日常が、いかに重要であるかを再確認することができたと思う。

3　震災発生時の特別支援教育教師と子ども

　冒頭に記したように、震災発生時、特別支援学校はある種の緊急事態に遭遇したが、教師たちの対応が混乱して、子どもたちがそれによって被害を被ったということはなかった。むしろ、教師の対応は事態の深刻さに比して極めて冷静でかつ有効なものであったようである（通常学校の中には、例えば石巻市立大川小学校のような痛ましいケースもあったが、まだ状況解明が進行中である）。

　宮城県の場合、震災が発生した時間は、多くの支援学校では卒業式を挙行し終えて、ほとんどの子どもは帰宅しているか帰宅途中という時間帯であった。まだ学校に残っていた濃厚な医療的ケアを必要とする重複障害児も多くは、時間はかかっても無事に親元に引き取られていった。宮城県の特別支援学校の場合、医療的ケアが必要な子どもで引き取りができなかった例は報告されていない。

　保護者が実際に学校に迎えにくるまで、教師たちは可能な限り普段通りのケアを実行した。薬品等については、普段から予備を保健室で保管しているので、とりあえずは大丈夫と考えていたようである。視覚支援学校や聴覚支援学校など、寄宿舎を擁しているところでは、帰宅困難な児童生徒が教職員とともに数日泊まり込むこととなった。これらの学校に泊まり込んだ児童生徒の中に、医療的ケアを必要とする重複障害児は

いなかった。震災発生後、電気が回復するまでの間（それは情報網が実質的に復旧するまでを意味している）、不安は大きかったと思われるが、当面必要な医療品は備蓄でまかなえたようである。沿岸部のように交通が遮断されたり、停電・断水が長期化したところを除けば、大抵の学校にはすぐに支援の人や物資が入ってきた。福島県で学校を避難所として開いた郡山養護学校の場合、療育センターが隣接していることもあって様々な医療者が入れ替わり入ってきて支援を行ったので、避難所にいる人たちへの支援はすぐに展開できたようである（第7章第2節参照）。

4　避難所となった学校への大学生の支援

　震災発生後、避難所となった石巻支援学校での取り組みは別稿（第5章および第6章）に詳しい。筆者は、外部の人間として支援学校に出入りしたが、そこに見た教職員たちの姿はこれまでに見たことのない疲労と緊張と焦燥の入り交じったものであった。

　震災発生後、最初に支援学校を訪問したときに見た教職員たちは、どの人も笑みがなく、疲れきっていた。筆者自身もかつて養護学校（当時）教員だった経験があり、支援学校教員の多くが醸し出す独特の活力をよく知っている。子どもたちをもり立て、楽しい雰囲気をつくることを仕事にする者が、知らず知らずのうちに身につける表情や身のこなしがある。しかし、それがそこにはほとんど見られなかった。校長室で話を聞くうちに、事態がただならぬこと、避難所にいる子どもたちへの対応の必要性と教職員の疲弊、それに対する応援の必要性が手に取るように分かった。

(1) 学生たちの2泊3日のローテーションによる支援の開始

　その場で、筆者の勤務する宮城教育大学の学生の力を借りることが自然と合意された。筆者は大学に戻って直ちに学生への呼びかけを始めた。

写真1 「宮城教育大 災害支援チーム」の学生

すでに震災直後に、宮城県の教育委員会は石巻支援学校が非常事態であることを認識して、県内のいくつかの支援学校から応援教員を派遣していた。この教師たちが2泊3日で常駐し支援にあたり、次々に交替して支援を継続していくことを被災直後から約1カ月実施していた。

そこで筆者らも、その方法をそのまま踏襲し、4月11日から開始することにした。通常であれば、宮城教育大学がある仙台市青葉山から石巻支援学校までは、JR仙石線とバスで2時間程度のアクセスである。しかし、仙石線は線路が寸断され車両が線路上に停止したまま動けない状態で復旧の見込みは立たない。陸路は、三陸道がところどころかなりの段差がありながらも開通して、バスや自家用車が通行できたが、石巻市の中心部から石巻支援学校までのアクセスが不便なため、仙台市内から日帰りの支援は難しい状態であった。かつ、避難者の生活があるため、夜や朝の人手の必要性を考えると、泊まり込み支援が必要であることは明らかだった。大学も授業が始められない状態であったので、学生たちはすぐに呼びかけに応じてくれた。1チーム3人で2泊3日のローテーションを組み、入れ替わり学生が訪問して避難所運営の補助を行った（写真1）。この支援は4月29日まで続けられた。学生たちが担った仕事は、以下のような内容である。それらは大きく分けて3つあった。

(2) 避難所運営補助の主な仕事

1）食事の補助

第一は、食事に関する補助である。震災直後は自衛隊から食料が配給

されることもなく、被災者が持ち寄った食料を分配していた。

　筆者らが補助に入ったときには、すでに定期的に自衛隊から配給食料が来るようになっていた。毎回、食料が入った多数の段ボール箱を玄関先で受け取り、それを所定の保管場所まで運び、その内容や数量を確認しなければならない。自衛隊とは別に、各種の団体あるいは地域の方々からも物資が届くが、これらも管理が必要である。これら食材をもとに、食事の献立を考え、特に夕食には汁物の他に調理したものが提供されていた。

　配給される食材には何が入ってくるかは分からないし、避難者の人数も日々刻々と変化する。4月当初は100人以上の人がいたが、筆者らが入り始めた4月の2週めには80人程度に減少していた。とはいっても、80人分の調理は大仕事である。朝食は、パンやソーセージなど調理不要のものを中心に配給するが、それらを朝の決まった時間に玄関口に出された長机に並べ、避難者全員に呼びかけて玄関先に取りにきてもらう。食後は片付けがあって、午後にはすぐに夕食の準備が始まる。

2）さまざまな家事の補助

　食事の次に大事な仕事は、家庭のこまごまとした家事にあたることである。学校とはいえ、いまは避難者の生活スペースとなっているので、生活ゴミも出る。避難者の方々が排出する大量のゴミを外の倉庫に運び、玄関・トイレをはじめ生活スペースとなっている場所を清掃すること、学校の物品の洗濯や布団干し、カバー洗い、毛布等の整理なども学生の仕事となった。

　玄関清掃も学校ともなれば広いので、それなりに人手が必要である。おまけに震災後は4月に入ってもしばらく寒い日が続き、降雪すら目にした。複数台のストーブの灯油補給や、ヤカンのお湯を適宜玄関前に並べて置いたポットに移し入れ、避難者の方々がいつでも熱いお湯を利用できるようにもした。途中からは、避難者対象に足湯タイムを設定し、

特定の教室を足湯会場にして、学生がそのお世話をすることになった。学校では入浴を提供できなかったため、かなり好評であった。

　また別の学生グループは、教室掲示の手伝いもしていた。開校に向けて廊下や教室の壁面などを動物やキャラクターなどで装飾する仕事である。いつ開校になってもいいように、新学期を迎える準備を整える必要があった。いやそれ以前に、今年度の整理や報告もまだ終了していないときに地震が起きたので、これも片付けなければならなかった。

　今年度の整理と新年度の準備、そして避難所運営という二重・三重の仕事の中に教師たちはいた。さらに安否確認のために日夜動き回っていたのが、震災発生直後にみた教師たちの姿であった。

3）子どもたちへの学習支援

　三つ目の仕事は、避難所にいる子どもたちとかかわることであった。子どもたちと言っても、年齢に幅があって、小学生から高校生までが避難生活を送っていた。学生たちが教育大から来ていることを知って、保護者が「できれば、日中暇をもてあましている自分の子どもたちに勉強を教えてやってくれないか」と頼みに来られた。

　多くの避難者は日中、避難所を出て役所に出向いたり、倒壊した自宅へ荷物を整理に行ったり、あるいは行方不明者の探索に出向いていた。なかには進学校に通っていた生徒もいて、授業の休みが続くことに不安を抱いていた。そこで、空き教室を借りて即席補習教室が開始された。支援学校在籍の子どもも数人いて、学生が子どもと愉快に遊んでいる様子が河北新報社に取材され、次の日の新聞に掲載されたりもした。

　これらの仕事がすべて学校教師に託されたとしたら、それは過重な負担に違いない。けれども実際に、外部から支援が入るまでは教職員がこれらを取り仕切り、特に食事関係はほとんど一人の教師が中心になって采配していたという。驚くべきことである。

災害時に学校が果たすべき役割が論じられるなか、例えば支援学校が障害児・者や高齢者の避難所として機能することの可能性が取り上げられているが、そのためにはそれ相応の人員の確保があってのことでなければならないであろう。そのような条件なしに学校を開放したとすれば、限界があることはもちろん、教職員自身が非常に大きなダメージを受けることになりかねないと考える。

5　学校再開とその後の子どもたち

　石巻支援学校では5月12日にようやく学校を再開することができた。それまでじっと家庭で過ごしていた子どもたちや、度重なる余震に震えて眠れなくなった子どもたちが、学校に戻ってきた。
　教師たちの目の前に現れた子どもたちの中には、久々の通学で心躍らせている者もいたが、先述のようなさまざまな症状を呈している子どもたちもいた。不安や恐怖、情緒不安定、摂食障害、睡眠障害、自傷・他傷などである。ため込んだストレスを一気に発散するとばかりに走り出す子どももいた。ほとんどの子どもたちが、震災後の苦しい状況によく耐え、頑張って過ごしていたと教師たちは語っている。
　この子どもたちが、学校再開後に次々に変化していった。櫻田元校長（第6章）、片岡教諭（第5章）の文章にあるとおりである。明るさを取り戻し、それまで見られていたいくつかの症状が軽減もしくは消失していった。本来の子どもたちの姿に戻っていったのである。その様子を見聞きするなかで、「当たり前」の日常生活が、子どもたちの心の安定にとっていかに重要であるかを思わないではいられなかった。ある程度予測のつく時間の流れ、活動の中で味わえる「喜びや楽しみ」、そして人とコミュニケーションすることで得られる「安心」、学びにおける知的興奮、これらが渾然一体となって日々の生活がある。そのことの意義を、改めて教えられたように思った。

6　被災者であり支援者であった教職員の状態

　宮城県教職員組合が実施した教職員の生活・勤務・健康調査（宮城県教職員組合、2011）によれば、約3割の教職員がメンタルな面で不安定な状態にあることが示された（図1）。特に、石巻地域で「うつ傾向」が高いことも示されている。

　2013年11月14日の河北新報では、宮城県内の公立学校に勤務する教職員の22.7%が、仕事への意欲が急激に低下する「燃え尽き（バーンアウト）症候群」の兆候を示していることが報じられている。また、2013年11月に宮城県教育委員会および公立学校共済組合宮城支部が実施した健康調査（公立学校共済組合宮城支部、2014）による結果では、東日本大震災で被災した児童生徒の心のケアや施設復旧の調整など、震災対応にエネルギーを注いだケースが多いとみられている。このうち専門機関の受診が必要なレベルと判断された教職員の割合は17.3%もあり、その内訳を地域別にみると、石巻市・東松島市・女川町が18.3%と最も高い数字を示している。いずれも津波の被害が最も大きかった地域である。

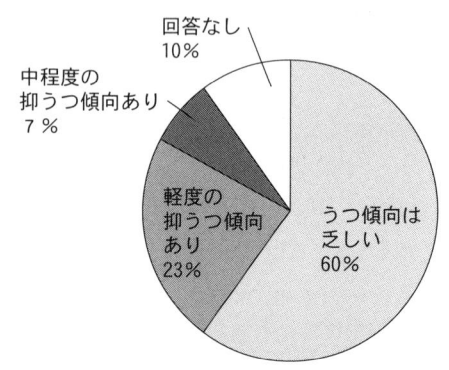

図1　宮城県の教職員のメンタル状況（宮城県教職員組合の調査）
　　　　出典：宮城県教職員組合「東日本大震災に係る教職員調査報
　　　　　　　告書（教職員の生活・勤務・健康調査）」（2011年）より。

被災地の教職員たちは、自らが被災者であって、かつ学校教師としては被災した子どもや地域の人たちを支援する役割を担わなければならなかった。多くのメディアは、被災した人々と、外からぞくぞくと入ってくるボランティア支援者をこぞって取り上げたが、このような被災者でありながら支援者でもあった立場についてはあまり取り上げられることがなかったように思う。特に、子どもたちに焦点が当たるとき、子どもの心のケアは大きなテーマとなったが、教職員たちの心のケアを問題にした人たちは少数であった。

教職員たちが直面したもの

　教職員たちが直面したものは何であったか。まず職場環境の激変と生活の不安定化がある。岩手県では2011年3月4日の人事異動内示が凍結され、あらためて3月25日に再内示を行った。福島県では新年度にかけての人事異動を停止させ、8月まではそれまでの勤務校で仕事を継続して、8月から新たな勤務校への異動となった。宮城県では、人事異動を停止せず、ただし兼任発令や延長・追加を出して対応した。

　これらの状況が、被災地にいる教職員はもとより、各県内の教職員に様々な動揺を引き起こしたことは、当時発行された教育関係のニュース（国民教育文化総合研究所、2013）からもうかがい知ることができる。被災地では住居を失った教職員もいるし、肉親・子どもを失った教職員も多くいた。福島では原発事故をめぐる情報が錯綜し、家族を退避させるかどうか翻弄された教職員もいた。多くの教職員たちはそれぞれが不安定な状況の中で、それでも懸命に子どもたちの安否確認、避難所運営、被災した施設・地域の復旧に不眠不休であたっていた。

　避難所対応についた教職員のほとんどは、そういった経験が全くない中で手探りで行うしかなかった。筆者が避難所に入って目にした光景は、避難している地域住民のやり場のない怒りやクレームに丁寧に対応する教職員の姿である。避難を余儀なくされている地域住民の中には、家財

を失い、親類を失い、そして仕事を失うなど平常の精神状態ではないケースも少なくない。時として怒りの情動は、日常生活の些細なすれ違いから発生する。避難所で教職員は運営側であったため、生活環境に対する不平不満は時として教職員に向けられることになった。こういったときでも、教職員が平常心を保って対応している姿は珍しくなかった。

教職員の疲弊

しかし、この大規模災害は予想をはるかに上回る長い復興のプロセスを必要としたため、時間の経過と共に教職員に疲れが生じ、教職員間に復旧・復興に向かうスタンスの違いが目立ち始めるようになった。ついていた部署によっても、仕事量の違いがあり、被災状況によっても個々の教職員が仕事に割ける時間やエネルギーに違いがあり、その相違点が場合によっては、教職員間の様々な人間関係に軋轢を生むことにもなった。

震災によって目撃した悲惨な状況に加え、人間関係の複雑な様相が教職員個々の精神的重圧になるケースが少なくなかったと思われる。震災発生後2～4カ月間に訪問した先の学校で、個人的な立ち話やあるいは職務を離れての会話の中で、もっとも深刻に語られた話題のひとつは、まさにこの職場の人間関係であった。教職員もまた、子どもと同様に「心のケア」を強く必要としていたと言えるであろう。

それは、上記のような人間関係の問題以外にも、まさに震災と津波によってもたらされた新たな教育的課題（被災した子どもたちの心の傷にどう向き合うか、元気をなくした子どもたちにどのようにして再び学習意欲を持たせるかなど）が重くのしかかり、その上に困難な地域再生の課題までが迫ってきたことにも深く関係している。

津波による被災地の多くは、希薄な人間関係によって緩くつながる都会ではなく、歴史と伝統に下支えされた濃厚な人間関係によってつながる第一次産業を主体とする地方地域であった。それだけに、震災以降に

地域に生じた様々な亀裂を、学校教師は子どもを通じてもっとも身近に感じ、かつ場合によってはその亀裂に巻き込まれざるを得なかった。このような事情が先の報道にみられた「バーンアウト」状態（国民教育文化総合研究所、2013）を生み出すひとつの要因であったと思われる。

7　提言：重複障害児・者の防災

　このことはすでに『重症児の防災ハンドブック』（田中ら、2012）でも述べたことであるが、あらためて整理して述べたい。ここに記す内容が、今後の特別支援教育教師の意識に根付くことを願いたい。

(1) 家庭での防災

1）食料、日用品および医療品・機器等

　食料と日用品の備蓄は3日分を目安にしたい。食料（そのまま食べられるか、簡単な調理ですむアルファ米やレトルトのご飯、缶詰やインスタントラーメン、子ども用の経管栄養剤やミキサー食、アレルギーのある方はアレルゲン除去食）や飲料水（1人1日3リットル、3日分で9リットル）、卓上コンロなどの燃料、携帯ラジオや懐中電灯（予備の乾電池）、非常用持出袋を準備する。

　次に、普段服用している医薬品の予備、吸引器や人工呼吸器のバッテリー、衛生材料などケア用品を備える。足踏み式吸引器（新鋭工業 KFS-400：1万3千円程度）は停電時にも役立つ（写真2）。吸引カテーテルに20〜50ミリリットルの注射器をつけて吸引する方法もある。また、非常用バッテリーとして、UPS（無停電電源装置）や自家発電機がある。ガソリンを燃料とする自家発電機は、容量の大きいものが選択できるが、揮発性であるガソリンの保管などメンテナンスが必要。一方、卓上コンロ用のカセットボンベ式の自家発電機（ホンダ EU 9 i-GB：10万円程度）は、カセットボンベ1本で駆動時間は2時間ほどと短いがメンテナンス

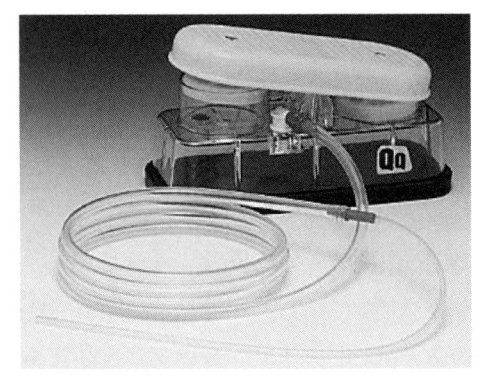

写真2　足踏み式吸引器　　　　　写真3　カセットボンベ式発電機

は楽で一般家庭向けといえる（写真3）。

　在宅人工呼吸器や在宅酸素を使用している家庭では、電力会社や最寄りの消防署へ連絡をしておきたい。停電時に早めの復旧や自家発電機の貸し出しを考えてくれるからである。

2）通信手段

　今回のような大災害時には、119番などがなかなかつながらず、直接医療機関に行くほうが早かったということがあった。特に在宅人工呼吸器などではどのように医療機関と連絡をとるかをあらかじめ相談しておきたい。

　今回の震災においては、固定電話よりは携帯メール、携帯メールよりはWebメール、さらにIP電話やSNS（ツイッター、フェイスブック、ミクシィなど）などがよくつながったという。保護者同士の携帯メールによる連絡網も大きな役割を果たした。通信手段は日々進化していくので、活用できるものを考えて取り入れ、使用に慣れておきたい。

3）医療情報

　今回の震災後、日本全国のいろいろな医療関係者から、津波で流され

た医薬品が東北地方へ送られた。しかし現場では、子どもたちのよく服用している散剤やシロップは、処方箋の控えがないと、決められた投与量が分かりにくい。個人の医療情報を身につけておくことは自らを守る手段のひとつといえよう。

2014年5月仙台市では、障害者が緊急時や災害時に、周囲の手助けを求めやすくするために「ヘルプカード」を作成した（高さ57mm×幅85mm。定期券サイズ、横開き全4面）。このカードは、人によって必要とする支援内容が様々のため、ホームページからこのカードのひな型をダウンロードして、必要な情報を自分で記載できるように用意されている（写真4）。この情報カードに医療情報を記載しておくと、いざという時に助けになる。

障害児を育てる家族にとって、町内会の避難訓練は敷居が高く、なか

A面　　　　　　　　　　　　　　　B面

C面　　　　　　　　　　　　　　　D面

下記の仙台市のホームページから、カードのひな型をダウンロードし、記入できるようになっている（http://www.city.sendai.jp/fukushi/shogai/sodan/900.html）

写真4　仙台市「ヘルプカード」

なか参加されていないケースが多いと思われる。東北3県の沿岸自治体の中で最も被害者数の多かった石巻市では死亡率が一般の1.7％に対して障害者手帳所持者が7.4％、女川町ではそれぞれ7.7％に対して14.0％であった。一方、津波被害の大きかった石巻市の牡鹿地区では、障害者手帳所持者の被害は4％と低い割合であった。その理由として、この地区では日頃から高齢者・障害者と一緒に避難訓練を行っており、どこにどんな障害者がいてどんな支援が必要なのかを近隣同士よく知っていたことが挙げられている。町内会の避難訓練に地域の障害児・者が参加できるような手だての工夫が求められる。

(2) 医療機関との連携

災害時の救急医療はもちろん、慢性疾患患者の受け入れは急性期から復興期までの長期間を視野に入れた医療機関の重要な役割のひとつである。在宅人工呼吸器や在宅酸素療法の患者への電源供給、また病状によっては入院受け入れも重要である。今回の震災の際、宮城県の在宅人工呼吸器使用の子どもたちのほとんどが、当日のうちにかかりつけの医療機関に入院できていた。

最も苦労が大きかったのは、吸引が必要な子どもたちであった。入院するほどではなくても、自宅には電源がなく、自家用車のシガーソケットから電気を取った家庭もあった。普段から病院等で、足踏み式吸引器や注射器での対処などを教わっておくことが望まれる。病院でもそのような指導の機会を作ってほしいものである。

今回のような想定を超えた大災害では、自家用車を流された家庭も多く、またガソリンもなく、被災者が援助を受けに医療機関まで行くことができなかったケースも少なくない。地域の行政や福祉といえども、個人の医療情報までは分からないので、被災地以外の周囲の医療機関が動かなければならない。子ども一人ひとりの医療情報をどのように共有化するか、普段からの打ち合わせと準備が必要となる。学校や医療機関は、

安否確認の際に不足している医薬品などニーズの聞き取りを行う必要がある。

今回の震災では、安否確認やニーズの聞き取りには、自宅を流された場合、携帯電話が役立った。個人情報ではあるが、外来カルテに家族の携帯電話の番号やメールアドレスを控えておいたことが、生命をつなぐ絆になったケースがある。緊急時の個人情報の扱いについては、改めて見直しがなされているが、今後のためにも柔軟な対応を期待したい。

(3) 福祉との連携

宮城県では、学校以外でも福祉施設のいくつかでは、災害時用に3日分ほどの医薬品を保管していた。津波で薬を流されてしまった家庭で、当日の夜にそれらの機関へ薬を取りに行き急場をしのぐことができたケースが多くあった。

震災以降、宮城県のすべての支援学校では、備蓄品の見直しが行われている。薬品のほかにも、食料、宿泊用具、発電器などの備蓄の必要性が言われており、石巻支援学校では、詳細な計画・準備(学校のどこに何がどれだけあるか)が新たに作られている。これらの備蓄のための財政的基盤がまだ不十分なので、今後は各地域で自治体が中心になって体制を整えるなどの課題がある。

今回、障害児・者とその家族の多くが、周囲に気を遣って避難所ではなく自家用車などで寝泊りをしていた。あるいは、指定避難所ではないところに多くの障害児・者が避難してきたケースや、急遽避難所となった石巻支援学校のようなケースがあった。いわば自然発生的にできた避難所で、障害児・者向けの情報がこれらの場所へ集約された。

石巻市の場合、以前から定められていた福祉避難所は2カ所あったが、今回の震災でそこを利用したのは高齢者がほとんどであった。普段通いなれたところが福祉避難所として機能すれば、子どもたちのストレスは少ないことが今回の経験からも分かっている。それだけに、被災初動の

時期に、例えば二次避難所として支援学校や福祉施設がそのまま機能できることは今後も重要な課題であろう。

しかし、また一方で教育や福祉の場である学校や施設は、被災後できるだけ早く通常の活動を再開し、当たり前の日常を提供することも大切である。しかも、こういった機関には避難所を長期にわたって運営する資材や人的資源もないことが多い。これも、地域全体の中でより大きな災害対策のビジョンとして検討されるべき問題であろう。

震災発生以降、大量に訪れる支援ボランティアの存在はとても大きい。しかし、被災地でこれらボランティアに関するすべてのコーディネートを請け負うことは困難である。したがって、コーディネートを担える人や機関を早急に、外部からの応援をもらって設置し運営していくことが必要となる。

(4) 地域ネットワーク

安否確認とニーズの発信、情報の受信のためにも、情報ルートを確保しておく必要がある。特に普段から人とのつながりを確かなものにしておくことが大事であることが、今回の震災で示された。町内会の防災対策に障害のある人への支援が組み込まれているか、今一度点検が必要である。今回、津波で家を失ったケースが多く、安否確認に手間取った。そこで学校では、在籍児童生徒の名簿に、単に居住している場所の連絡先だけではなく、避難場所の候補を複数記入したものを作成するなどの工夫が必要となろう。

支援学校に通う子どもの場合、どうしても居住地域での人とのつながりが、地域の学校に通う子どもに比べて希薄になりがちである。居住地校交流などを通じて、地域に存在を知っていてもらうことはとても役に立つし、子どもたち一人ひとりの地域ネットワークづくりを学校と一緒に行っていくことも、防災の観点から考えてとても重要である。障害についてさらに地域でよく知ってもらえるよう工夫していくことが求めら

れている。そのためにも、日頃からのつながりが大事になると思われる。学校等が様々な形で地域とのつながりを積極的につくっていくことである。通学・通所についても、どの時間帯で被災するかで避難の仕方は大きく変わってくる。時間帯と可能な避難先を付したルートマップの作成も必要になる。

　さらに長期的な視点から、障害児・者本人だけでなくその他の家族、特にきょうだいへの支援は重要である。先の阪神大震災では、障害児を数時間預かる「障害児レスパイトケア」が行われていたという。子どもを預かってもらっている間に、親がきょうだいと一緒にゆっくりお風呂に入る、買い物に出かけるなどの時間を作るような配慮が必要である。

(5) 心のケア

　子どもたちの心のケアのためには、できる限り速やかな日常の回復が求められる。学校や施設の再開と同時に、家庭においても、被災後は特に日々の温かなコミュニケーションを心がけたい。

　特別支援教育の対象となる子どもたちの中には、いわゆる音声言語によるコミュニケーションに困難を抱えている子どもが少なくない。震災後、被災地に赴いてくれた多くのボランティアには、子どもの心のケアをテーマにしている方々も多くいた。子どもたちの話を傾聴し、ゆっくり、じっくり向き合ってくれた臨床心理の専門家をはじめ、多くの方々の助けは子どもたちの立ち直りの大きな力になっていたと思われる。

　しかしながら、従来からの言葉を中心とするカウンセリングやワークショップは、支援学校に通う子どもたちには少し遠い存在であった。遊具や身体活動を伴った「遊び」の場の提供は、子どもの活動意欲を引き出し、活性化してくれたが、これらイベントの開催には常にそれに先立つ準備が必要であり、それにかかわる被災地の人たち（しばしば教職員たちはこれらイベントの準備役を担った）の負担は軽くはなかった。

　ある教師は、「外から申し出てくださる支援イベントは、気持ちとし

てはとても有り難いので、なかなか断れない」と話してくれた。このようなイベントに加えて、やはり日常的な生活における質の充実が重要であった。その意味からも、できるだけ早い時期に学校を再開し、リズム感のある学校生活を保障していくことこそ、最も効果ある心のケアになるのではないだろうか。

＊　　＊

　東北３県の30沿岸自治体を対象とした調査（藤井、2012）では、被害者の死亡率が一般の0.9％に対して、障害者手帳所持者は2.0％に上った。この数字は、障害児・者を津波被害から守る方策が機能しなかったことを物語っている。

　片岡教諭の稿（第５章）でも触れられている石巻市の狩野悟くんは、体重42kg、身長150cmほどと大柄で、人工呼吸器と酸素吸入器を装着していた。平屋建ての家屋が浸水するなか、悟くんを助けるには、本人を抱っこする２人と、医療機器を運ぶ１人の合わせて最低でも大人３人の援助が必要であった。避難するときに助けが必要な障害児・者を、いつだれがどのように援助するのかを決めておく必要がある。そして、これは家族だけでできることではなく、町内会の助けや行政の仕組みを作り上げることが求められている。

　折しも2014年８月、山形県では人工呼吸器を付けている在宅の難病患者を、停電を伴う災害時に自家発電装置のある病院へ速やかに移送するシステムが運用されることになった（河北新報、2014）。患者の家族とタクシー会社が事前に移送契約を結び、患者側からの連絡を待たずにタクシーが迎車に訪れる仕組みだという。医療機関などでつくる患者支援団体「山形県難病医療等連絡協議会」によると、全国初の取り組みだという。同時期、奈良県奈良市では災害時にALS（筋萎縮性側索硬化症）などの難病患者を支援するため、市内の３医療機関と協定を結んだ（奈良新聞、2014）。南海トラフ巨大地震などの大規模災害時、人工呼吸器な

どが必要で、在宅医療を受けている患者らに「緊急入院」してもらう取り組みである。これらは、全国でも初めての例であろう。

東日本大震災の教訓は生き続けている。少しずつではあるが、着実に新たな取り組みが芽吹いている。この動きをさらに次へとつなげていきたい。今、教育ではインクルーシブ教育が目指されている。地域には障害のある人もない人もいて、高齢者もいて若者もいて、健康な人もいて病気の人もいる。それが地域であり、私たちの生きる社会である。そこから発想していく教育がインクルーシブ教育である。であるならば、地域を構成するすべての人々が安心して落ち着いて暮らせるあり方について、防災を通じて考えていくことは、インクルーシブ教育実現のためのひとつの有効な手段になるのではないだろうか。そしてそれは生き残った私たちの務めでもあると思う。

引用・参考文献
1）藤井克徳「東日本大震災と被災障害者——高い死亡率の背景に何が」、『災害時要援護者の避難支援に関する検討会（資料）』内閣府、2012年
2）「教職員『燃え尽き』22.7% 震災対応、多忙化　宮城」、『河北新報』2013年11月14日
3）「災害時に人工呼吸器患者をタクシー移送　県が協定」、『河北新報』2014年8月26日
4）国民教育文化総合研究所『資料集　東日本大震災・原発災害と学校——岩手・宮城・福島の教育行政と教職員組合の記録』明石書店、2013年
5）公立学校共済組合宮城支部「東日本大震災に伴う教職員の健康調査結果」2014年 https://miy94673.securesites.net/main/pdf3.php.
6）松﨑博文・昼田源四郎・鶴巻正子・金谷昌治・塚野薫「東日本大震災にともなって生じた福島県内における特別支援教育のニーズ調査と子ども・教育・保護者支援」福島大学、2011年
7）宮城県教職員組合「東日本大震災に係る教職員調査報告書：教職員の勤務調査（学校対象）、教職員の生活・勤務・健康調査（個人対象）」2011年
8）「災害時に緊急入院対応——奈良市が3医療機関と協定」、『奈良新聞』2014年8月23日
9）田中総一郎・菅井裕行・武山裕一『重症児の防災ハンドブック』クリエイツかもがわ、2012年
10）東北地区知的障害特別支援学校校長会「被災状況アンケート」2011年

第3章　震災が子どもたちに及ぼした心理的影響

梅田真理

震災発生時　(独)国立特別支援教育総合研究所総括研究員

　東日本大震災からはや5年が経過し、以降の慌ただしい世の中の流れの中で、日々のニュースからは震災関連の情報は姿を消している。時折、ふっと浮かび上がるように話題となることもあるが、またすぐに消えていく。

　今回、執筆にあたり学校や親の会が記録した資料を多く読んだ。筆者自身は、宮城県の自宅からは遠く離れた地にいて当日の経験はないが、まさに発生時からの数週間が目の前に戻ってきたような感覚に襲われ、涙ぐみながら読むこととなった。改めて、震災の及ぼす影響の大きさを感じた。健康であり、甚大な被害も受けなかった筆者でさえ、このような思いをもっているとすると、障害のある子どもにとって震災は想像しがたい影響を及ぼしたのではないかと考える。

　本稿の資料の多くは、宮城県内の保護者や学校関係者による震災発生時から生活が落ち着くまでの記録のため、宮城県内の状況を中心に整理しながら、改めて「心理的脆弱性」という視点で検討したい。

1　災害が子どもたちに及ぼした影響について

　東日本大震災は未曾有の災害であり、あらゆる環境に甚大な被害をもたらした。子どもたちにとっても、生まれ育った地域が壊滅的な被害を受けたり、自宅が倒壊したり、家族や友人を亡くすなど、様々な被害を受けているが、これを「子どもたちに及ぼした心理的影響」に絞って考

えると、いくつかの視点が挙げられる。ひとつは、「時間」という視点である。これは、直接的、間接的な被害が及ぼす心理的影響が、時間の経過によって（生活の復旧の進度によって）どのように変わっていったかである。また、もうひとつは「失ったもの」という視点である。失ったものにより子どもに及ぼす心理的影響がどう違ったか、またその後の回復に向けた取り組みはどんなものであったかということである。

「時間」に関しては、①災害発生時、②ライフラインが復旧するまで、③学校再開以降、のような大まかな段階が考えられる。

①、②は、子どもにとって非日常の生活を強いられる期間であり、環境も生活も大きな制約があり個人の意思ではどうにもならないことが続く。当然、心理面でも大きな負担がかかる。③以降は、不自由ながらも日常が戻り、本来の子どもの姿が戻る期間である。しかし時間の経過や復旧の経過に従って、家屋や食料など衣食住にかかわる環境が変わるだけでなく、保護者の職業や家族の経済といった子ども自身に間接的に影響を及ぼすものの変化も実際には起きている。また、この期間以降が最も長く、子どもたちへの影響も少なくないと考えるが、この期間は現在も続いており、記録等は整理されていない状況にある。そのため、本稿では、主に①〜③（③については学校再開以降から震災後1年まで）の段階で子どもたちにどのような影響があったのかについて整理する。

また、「失ったもの」という視点では、①家族・親戚や友人、②家屋・住み慣れた地域などが挙げられる。子どもを取り巻く人々、自宅を含む環境、どちらも子どもたちにとってかけがえのないものである。このことについては、①、②それぞれに学校現場等でどのような対応が行われていたか、また、その対応によって子どもたちにどのような変化があったかについて整理する。

さらに、上記の視点で整理した際、障害特性によって子どもの状態の違いがあるのか、障害特性によって心理的脆弱性に違いがあるのかについても検討したい。

2 「時間」の経過に伴って

(1) 震災発生時

　震災発生時、宮城県内は小中学校も特別支援学校も卒業式が行われていた学校が多く、実際には学校に子どもたちがいなかった、または卒業該当学年とその近辺の学年の児童生徒のみ在校した、という学校がほとんどである。田中ら（2012）による県内の知的障害特別支援学校6校への聞き取り調査では、震災発生時、いずれの学校でもパニック等を起こす子どもはおらず、教師の指示に従い避難等を行うことができている。インタビューの中でも「子どもたちは落ち着いており、騒ぐことはなかった」という話が多く聞かれた。子どもたちが比較的落ち着いていた要因としては、当日学校にいた子どもが少なかったため教職員が比較的手厚い対応がとれたこと、中学部以上の生徒が中心であったため説明等の理解ができたことなどが考えられる。

　その他の資料からも、震災発生当時子どもたちに大きな混乱が見られた、という記載はない。これらは、対応した教職員や施設職員らが懸命に子どもたちを守ろうとしたこと、震災のあまりの甚大さに子どもたち自身もことの重大さを察知し、指示に従おうとしたことなどが関係しているのではないかと推察する。

(2) ライフライン復旧まで

　この時期は、子どもたちが環境面で不自由な生活を強いられた期間である。自宅が損壊した子どもは、衣食住すべてにおいて日常とは違う環境で過ごさねばならなかったし、自宅が損壊しなかった子どもも、電気やガス、水道といったライフラインが切断されたり、食料がなかったりという厳しい状況であった。また、子どもたちの娯楽としてのテレビやラジオも復旧せず、生活全般において「いつもと違う生活」を強いられ

た期間である。

　田中ら（2012）によれば、この期間には避難所に避難していた自閉症児や卒業生の自閉症者がパニックを起こしたり、いらいらして自傷行為がひどくなったりすることがみられた。また、避難所で生活することが困難であった自閉症児の家族が、教師の働きかけにより特別支援学校へ避難してきたという事例もあった。

　このような事実は、石巻支援学校の記録（2012）にも同様に記載されている。震災発生後5日頃の夜間のパニック（在校生）、20日経過した頃のストレスによる行動（卒業生）など、慣れない環境での生活が影響し普段は起きない問題行動が出たと考えられる。また記録には、重度・重複障害の生徒が肺炎を起こした、自閉症の卒業生が数年ぶりにてんかん発作を起こした、自閉症の生徒が発熱したという記載もある。これらは、慣れない環境がストレスと共に健康への影響も及ぼしたことを物語っている（石巻支援学校の詳しい状況については、第5章と第6章参照）。

　他の記録では、重度・重複障害児の健康管理、医療的ケアや体温管理、食事などが非常に困難を極めたことも記されていた。声を挙げることが難しい子どもたちであるから、実際に何を感じていたのかは推測するしかないが、日常とは違う環境や対応に、大きな不安やストレスを感じていたであろうと考える。

　また、福地（2013）によれば、震災後巡回訪問や診察ですべての子どもに共通してみられた症状としては、「退行」が最も多く、母親から離れない、一人で眠れない、暗闇を怖がる、夜尿、「過覚醒」（怒りっぽく、周囲の刺激に敏感になる）や「再体験・侵入」（フラッシュバック）がみられた子どももあった。

　発達障害児については、「感覚過敏」（物音に敏感になる等）や「生活習慣の乱れ」（夜尿など）、「身体症状」（嘔吐や下痢、円形脱毛症など）、「こだわり」（物が捨てられなくなる、ゲームばかりするなど）、「自傷や他傷」（頭を叩くなど）がみられた。これらは、自宅に戻ることができたり、

学校が再開されたりするとともに、落ち着いていった。

　この時期は、環境の変化に弱い自閉症児・者にとって非常に厳しい期間であり、上記のような問題行動が起きてしまうため、避難所での生活が困難となり被災した自宅に戻る、車の中で生活するといった事例も多くあった。このような状況に対応して、地域に避難所として学校を開放した石巻支援学校では、地域住民に説明した上で、自閉症児・者とその家族の居住スペースを体育館から別室に移すという配慮を行っている（第5章と第6章参照）。

(3) 学校再開以降〜震災後1年

　震災後3週間〜1カ月ほどで多くの学校が再開した。教職員の中には自宅が被災したり、家族等が亡くなったりと厳しい状況の方もいたが、どの学校でも、再開を待ちわびる子どもや保護者のために懸命の復旧作業が行われた。

　学校が再開すると、障害種にかかわらず子どもたちには笑顔が見られ、問題行動も落ち着くことが多くなった。一方で、再開後見られた特徴的な反応も報告されている（田中ら、2012）。次に、図1に示された生徒の様子について簡潔に示す。

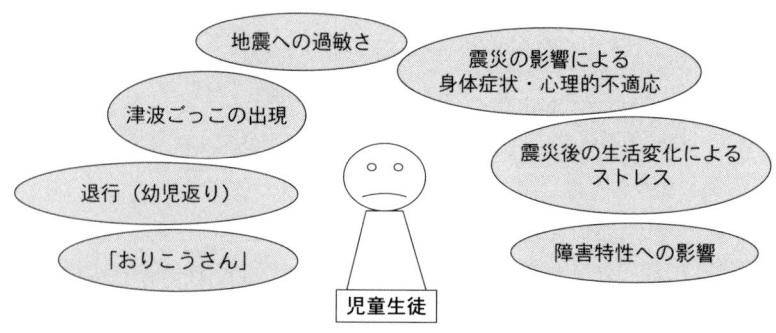

図1　学校再開後の生徒の様子

出典：田中ら（2012）より。

①地震への過敏さ
　　余震が起きると「地震〜、地震〜」と騒ぐ、風の音などにも敏感に反応し「今の音は何ですか？」等と聞く。
②震災の影響による身体症状・心理的不適応
　　震災によるストレスや恐怖感の影響か、以前より話さなくなる、不安が強くなる、円形脱毛症、不眠などがみられた。
③震災後の生活変化のストレス
　　震災後の生活スタイルの変化から、いらいらしやすかったり、床に寝転んだり、他者へ手を出したりすることもみられた。
④障害特性への影響
　　震災発生時に保護者と離れて避難した影響からか、こだわりが強くなり自室から出なくなった。
⑤津波ごっこの出現
　　津波被害を受けなかった子どもの中で、「ツナミ〜、ツナミ〜」とブルーシートをバサバサと動かして遊んでいる子どもがいた。怖がっているというよりは、津波の映像を見てそれを再現しているようであった。
⑥退行（幼児返り）
　　これまでできていたことができなくなる子どもがいた。
⑦「おりこうさん」
　　⑥とは逆に、今まで食べなかったものを食べるようになった子どももいた。その後時間の経過とともに元に戻った。

　また、石巻支援学校の記録（2012）にも、以下のような学校再開後の子どもたちの変化が記載されている。
　・小学部：プールに入れなくなった、祖母を叩く
　・中学部：プールに入れなくなった、抜毛、排泄の退行、食欲低下、自傷・他傷の増加、小学校時代のこだわりの復活

・高等部：不眠、地震への恐怖、「津波」という言葉へのこだわり・過敏さ、不安、退行、他者への攻撃

　年齢の低い小学部と比べると、高等部では変化のみられた生徒も多く、心理的影響が直接症状として現れていた。ただ、これらの状態は、心理士による様々な支援や学校で行われた音楽会、創作活動、体を動かす活動などを通して、徐々に軽減していった。

3　「失ったもの」との別れ

(1) 家族・親戚や友人

　田中ら（2012）による県内の知的障害特別支援学校6校への聞き取り調査や、石巻支援学校の記録（2012）の中には、実際に家族を失った子どもについての記載もあったが、教員がそのケアに直接当たったという記載はない。家族を失うというあまりに大きな事実に対しては専門家の対応が必要であり、実際には医師や心理士等によって心のケアが行われたと考える。

　一方で、学校の友人が亡くなった事例では、特別支援学校でも「友人の死の受容体験」が行われていた（田中ら、2012）。以下に、その内容を記す。

　①　仲の良い同級生を亡くした生徒Aが、「学校いやだ」と言うことがあった。理由を聞くと、今日学校へ行くと、仲の良かった同級生の葬儀に出られないことが理由であると分かった。そこでAを学校代表として葬儀に参列させ、友人の死を整理できるようなかかわりをもった。教員は「友達は目の前からいなくなったけど、今を大事にしなくちゃね」と話し、Aは次第に落ち着いた。

　②　B校では、亡くなった生徒のために、校内に献花台を設けた。残された保護者が、遺影に花を供えたりする余裕やスペースがないことが一番の理由であった。何かできないか、という教職員の思いから生

まれたことであったが、子どもたちの中には献花台に自分の好きなお菓子を置く子や、台の前で自分の母親と同じように手を合わせる子どももいた。友人の死を意識するひとつのセレモニーとなった。

また、福地（2013）は、「津波で学級の友人が亡くなり会えなくなったことで、毎日泣き続ける子どもに、友人は亡くなったことを伝え、学級で『お別れ会』を行ってから泣かなくなった」と報告している。

それぞれの発達段階に応じて行うストレスマネジメントとして、安心できる環境の中で被災体験を整理し、何らかの形で表現することが、子どもにとってひとつの区切りになり、有効であると考えられる。

(2) 家屋・住み慣れた地域

自宅家屋や居住地域が被害に遭った子どもたちも多くいたが、学校現場でそのことに対する直接的な支援を行ったという記載は、今回参考とした資料の中にはなかった。ただ、各支援学校や家庭、施設等では、「ここは大丈夫」「安全で安心できる場所だよ」という声がけや体験を多くさせている。特に学校では、教職員による声がけだけでなく、前述したような音楽会や創作活動、身体表現活動などさまざまな行事を通して、子どもたちが安心して楽しめる環境づくりを行っている。そういった一つひとつの積み重ねが、子どもたちに安心感を与えることにつながっていった。

また、福地（2012）は、避難所で「家に帰る！！」と叫びパニックを繰り返す子どもに対して、混乱の悪化を懸念して全壊した自宅を見せていなかったが、専門家の助言の下、家族が地震と津波について丁寧に教え、実際に一緒に現場に行ったところ、「もう家はないんだね」と納得し、その日からパニックは消失した、と述べている。

前項でも述べたが、理解が難しいから、あるいは余計に混乱させるからと事実から遠ざけるのではなく、子どもの発達段階に応じた丁寧な説

明を行い、安心できる場で（あるいは安心できる人に付き添われながら）事実を知ることが、ひとつの区切りとなる体験につながることを物語っている。

4　子どもたちに対するストレスマネジメント

　今まで述べたように、子どもたちへのストレスマネジメントとしては、以下のことが行われていたことが分かる。

　ひとつは、一日も早く日常を取り戻すこと、つまり「学校を再開すること」である。子どもたちにとっては、登校できないということは非日常であり、それ自体がストレスとなる。学校生活が通常通り行われることで、子どもたちが日常を取り戻し落ち着くことは多くの記録に残されている。

　次に、安心して過ごせる、安全な場所にいる、という体験である。家族や家屋が被害に遭った子どもたちだけでなく、すべての子どもが地震の恐怖を体験している。今いる場所が安全な場所であること、安心して過ごせる教職員や仲間がいることは、とても重要である。各学校では、再開直後は、教職員がゆったりと子どもに接することのできるような行事や活動を多く取り入れ、安心安全の体験ができるような工夫をしている。

　また、身近な人々の死を受容する体験も大切であろう。親しかった友人になぜ会えないのか分からず混乱する子どもたちには、学校という安心できる場所で、教職員と共に事実に触れ、それを整理するような体験が必要であることは前述したとおりである。

　さらに、今後子どもたちが震災の体験を乗り越えて生きていくためにも、子どもたち自身が人を助ける立場に立てるという体験が必要である。人の役に立つという体験を通して、自己効力感をもち、社会の一員として役割を果たすための力を備えていくことが大切であろう。

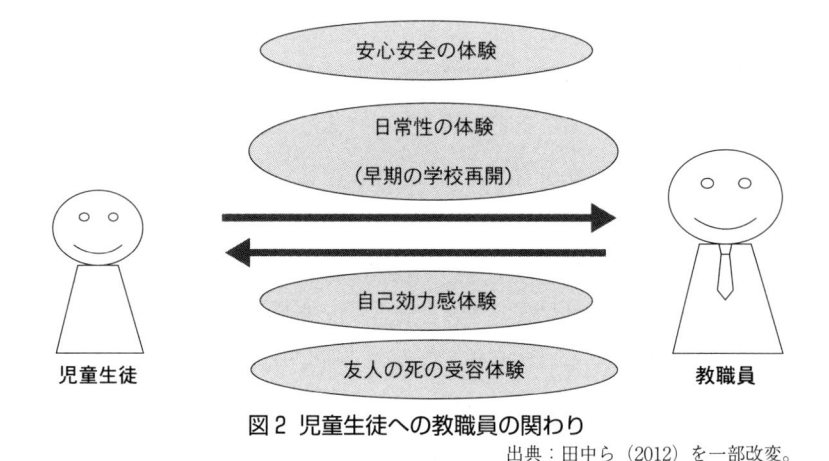

```
                安心安全の体験

              日常性の体験
             （早期の学校再開）

     →

     ←

              自己効力感体験

             友人の死の受容体験

  児童生徒                              教職員
```

図2　児童生徒への教職員の関わり

出典：田中ら（2012）を一部改変。

　これらについて田中ら（2012）は、教職員と子どもの信頼関係の中で、ストレスマネジメントが行われる必要性があることを示している（図2）。

　　　　　　　　　　　＊　　＊

　今回参考とした資料の中で、子どもたちの心理的脆弱性がどのように表されていたかについて整理したが、実際には障害種別によって違いがあるかどうかについては、これらの記録には明確な記載はない。もちろん記録は、そのような余裕のない状況下で残されたものが多いし、また震災発生後1年までの間は通常の生活に戻すことに主眼が置かれ、子どもたちの示す状態について分析したり考察したりする余裕などない状態にあったともいえる。

　ただし、そのようななかでも、特に自閉症のある子どもたちは、その特性ゆえに避難生活が大きなストレスになりパニックを頻発する、こだわりが強くなる、自傷・他傷がひどくなる等の変化があった（宮城県立石巻支援学校、2012。宮城県重症心身障害児［者］を守る会、2012）。このことは、自閉症という障害の特性が、災害時において大きな心理的脆弱性をもつことを示唆している。また、重度・重複障害のある子どもが、

発熱や肺炎を発症したことは、単純に環境が健康面に影響を及ぼしたと考えるだけでなく、重度・重複障害のある子どもたちも避難生活の中でストレスを感じていることを意識すべきであろう。

　今回は検討できなかったが、視覚障害や聴覚障害のある子どもたちも、その特性に基づいた心理的脆弱性をもっていることが推察される。これらも含め、今後への備えとして、災害時の障害のある子どもの避難生活には障害種・障害特性に応じてどのような配慮が必要であるか、学校再開へ向けて配慮する点は何か等とともに、障害のある子どもへのストレスマネジメントについても、今後さらに検討が進み、より効果的で実践可能なものが開発されることを期待する。

引用・参考文献
1) 田中真理・梅田真理・佐藤健太郎・渡辺徹「特別支援教育における危機管理・防災体制に関する調査報告書──東日本大震災の被災体験をふまえて」、『日本特殊教育学会東日本大震災支援基金報告』2012年
2) 宮城県立石巻支援学校「東日本大震災から学んだこと──石巻支援学校からのメッセージ」、2012年
3) 福地成「災害時の発達障害児への支援─東日本大震災の経験から」、『発達障害医学の進歩』No25、2013年、36-41頁
4) 宮城県重症心身障害児（者）を守る会「わたしたちは忘れない──東日本大震災の記録」、2012年
5) 社団法人宮城県手をつなぐ育成会「あの日々に感謝そして明日へ──東日本大震災の支援活動記録」、2013年

第4章　環境整備と防災教育への提言

安田まき子

震災発生時　仙台市立黒松小学校教頭

　東日本大震災から5年目を迎えようとしている（執筆当時）。最近は、その震災関連の報道も減り、いまだ見つかっていない行方不明の方々や仮設住宅で過ごしている多くの人たち、仮設校舎で学んでいる子どもたちのことが世の中から少しずつ忘れられていくことに不安を感じる。社会情勢が日々変化し、様々な問題が次々と引き起こる世の中であることから、次の社会問題解決に向けて政治やメディアも移らざるを得ない現状は理解できるが、子どもの命を預かる私たち教職員は、あの大震災から学んだ教訓を風化させてはならないと思う。特に東日本大震災を経験した私たち教職員だからこそ言える「命を守るための教育」を積極的に各教育現場に伝え続けなければならない責務があることを、日を追うごとに強く感じる昨今である。

　筆者は、震災発生時、通常の小学校の教頭であり、校長の指示を受けて、全体指揮をとる立場であった。

　大震災の混乱の最中、管理職として、「災害弱者」と言われる障害のある子どもたちの避難を第一に考えたか、と問われると、恥ずかしながら、考えには及ばなかったと言わざるを得ない。障害のある子どもたちの安全確保を第一に考え、必死に命を守ってくれたのは、特別支援学級の担任たちだった。避難指示の時点では、

●黒松小学校 （震災発生時）

校種	小学校
特別支援学級の障害種別	知的障害、情緒障害、病虚弱
幼児児童生徒数	約800人(うち、特別支援学級5人)

当時在籍していた児童全体800人の避難誘導を第一に考え、特別支援学級の子どもたちの混乱状況を特に考慮した安全確保や避難支援体制についての対応は脳裏に浮かんでいなかった。避難所生活でも、障害のある子どもたちの困難な状況を把握した

写真1　震災発生直後の学校の様子

保護者や特別支援学級の担任から支援を求められて初めて対応したのが事実である。管理職として障害のある子どもたちに対する危機管理意識が欠如していたことを深く反省している。あの時は運良く、特別支援学級担任の適切な避難誘導のお蔭で、子どもたちには怪我もなく無事に避難し保護者に引き渡すことができたが、その時の困難さについては、後で担任からの報告で知ることとなった。結果的に全員が無事に避難し、その後の生活も無事に過ごすことができたのも、担任の適切な対応と、これまでの避難訓練が功を奏したといえる。

　あの時の反省を踏まえ、障害のある子どもたちが震災直後や慣れない避難所生活をどう過ごし、担任はどんなかかわり方をしたのか、その時に管理職としてどう対応すべきだったのかを振り返り課題を整理する必要性を強く感じた。その後は、教頭の立場で「特別支援教育の視点」を入れた避難訓練や避難所運営マニュアル作成の重要性について、教職員や地域住民に伝え共通認識を図りながら災害時の危機管理を行ってきた。

　校長の立場になってから2年目の平成25年度、仙台市の校長会として「特別支援教育上の課題」について調査研究する機会があり、仙台市内の小学校校長すべてにアンケート調査をした。その結果を指定都市小学校長会研究協議会仙台大会において「災害時における障害のある子どもへの対応と支援体制の構築に向けた校長としての役割」と題し、全国20都市の指定都市小学校長会に研究調査結果を発信することができた。

ここに書き記す内容は、その大会報告の一部であり仙台市内の小学校を対象とする調査から得た限られた情報の中での報告であることから、それぞれの学校や異なる地域の実情に合わせて参考にしていただけると幸いである。

1　調査について

　調査は、以下のように行った。
A　調査対象：平成25年度仙台市内公立小学校・全125校（悉皆調査）
B　調査期間：平成25年6月4～10日
C　調査方法：記述
D　調査内容：
　①震災発生時における障害のある子どもが抱えた困難さ
　②避難所等の生活の中で障害のある子どもや家族が抱えた困難さ
　③自校の課題把握と今後の対応（各校の取組み事例の紹介等）
　④新たな防災教育（避難訓練）の取組み支援体制作りの提案
E　震災発生時の特別支援学級の設置状況と支援員・看護師の配置状況：
　①設置の有無：有り117校（93.6％）、無し8校（6.4％）
　②学級数と指導支援員等数（表1）

表1　震災発生時の特別支援学級の設置状況と支援員・看護師の配置状況

学級種別	知的	自閉・情緒	肢体不自由	病弱／身体虚弱	難聴	弱視
学級数	97	112	34	19	3	8
支援員・看護師	19人		12人		0人	0人

＊仙台市では、特別支援学級の設置状況や児童数に応じて指導支援員・看護師を配置し、通常の学級の発達障害等のある子どもには指導補助員を配置する制度がある。

2　調査からみえてきた状況と課題

(1) 震災発生時（平成23年3月11日午後2時46分）の子どもの所在

　震災発生時に子どもが校内にいた学校では、授業（交流学級での授業も含む）や清掃活動、帰りの会等の活動中であり、子どもの所在もさまざまでありその把握に混乱がみられた。また、校外学習に出かけ、地域の商店街で買い物をしている時に地震に遭い、津波警報を聞き担任が子どもを背負って急いで学校に戻ったケースもあった。すでに下校させた学校では、下校途中だったり放課後ケアの施設にいたりするケースがあった。

〈課題〉
①地震がいつどこでも起こりうることを想定した多様な避難訓練の計画と実施

　　教師がいる授業中の避難訓練の他に、休み時間や掃除活動など教師がいない時間帯や登下校の時間帯の避難訓練を計画し実施する。さらに、校外学習での緊急時対応マニュアルを整備する。緊急時の対応については保護者や地域に周知を図り協力を得る。
②様々な状況下における子どもの安否確認の方法の確立

　　緊急時には、担任以外の教職員や地域住民による避難誘導も想定し、校内外の避難場所を明確に決めておく。電話がつながらないことを想定し、学校や地域の施設などに防災無線を可能な限り設置し連絡体制を整える。

(2) 震災発生時の子どもの避難状況

　学校によって、障害種や在籍児童数は様々であり、多少の混乱や移動に時間がかかったなどのことはあったものの、担任や支援員等の指示に

従って落ち着いて避難することができた学校が多かった。しかし、自閉症・情緒障害学級の子どもの中には、パニックがおさまらず、勝手に動き出したり、指示が通らなかったりしたため、担任が抱きかかえたり、背負ったりして校庭に避難させた学校があった。

また、肢体不自由学級では、停電によりエレベータが動かなくなったために、子どもを車いすで階下に降ろすことができずに担任が抱きかかえたり、教職員ら４人がかりで車いすに子どもを乗せたまま降ろしたりして避難したケースや、低体温症の子どもが、寒さで体温がさらに低下し危険な状態になったケースもあった。

病虚弱学級では、てんかんや心臓病を持つ子どもの発作を防ぐために、慎重に抱きかかえて避難させたケースもあった。

聴覚障害や視覚障害のある子どもは、状況判断ができないため極度の不安状態に陥って体が硬直し、担任が手を引いて一歩一歩時間をかけながら避難させたケースもあった。

〈課題〉
①震災という恐怖体験をした子どもへの心のケア

　震災体験の心や体への影響は計り知れないことから、その後のきめ細かい観察が大事である。不安症や過敏症、心身症、てんかんや心臓病などの持病が悪化したり、PTSDなどの二次障害を引き起こしたりする場合もあることから、保護者や医師などとの綿密な連携が必要である。

②障害の特性についての共通理解

　全教職員が障害特性を把握し、適切な避難誘導の対応ができるように共通理解を図っておくことが必要である。特に、おびえや不安からパニックに陥りやすい自閉症・情緒障害児や知的障害児には、落ち着かせるためにどんな言葉や働きかけが必要か、聴覚や視覚障害児には、状況の説明のための方法をどうするかなどを全教職員で

理解しておく必要がある。
③障害の特性に応じた避難誘導時の支援体制の構築

クラスの人数や実態に応じて、担任以外の教職員の支援体制を明確にしておく必要がある。特に肢体不自由児や病虚弱児の避難には、複数体制を確保する必要がある。停電を想定し、上層階にいる車いすの子どもを速やかに避難させる訓練を日頃からしておく必要がある。
④避難誘導時に必要な物の備え付け

人的配置のほかに、迅速に避難させるために背負いひもやラック、担架、予備の車いすなど必要な物を教室や避難場所に備え付けておくと役に立つ。

(3) 震災発生後の避難生活の状況

今までに経験したことのない恐怖体験は、子どもの心に大きなダメージを与え、その後の避難生活にも大きな影響を与えた。

自宅で過ごした子どもでも、母子分離不安、自傷行為、夜尿や、震災発生時刻になるとてんかん発作を繰り返す子どもがいた。自宅に住めなくなった子どもは、避難所に一時避難はしたものの、人の多さや騒音、トイレ等の慣れない環境や偏食等から、不眠、パニック、奇声、多動等の不適応行動を起こしてしまう子どもがいた。これらの不適応行動に対する周囲の理解が得られずに、避難所を出ざるを得ない状況になってしまう家族もあった。その後、ライフラインが復旧するまで、車の中で過ごした家族や、自宅の消失・全壊等により親戚の家に長期間避難するなど、厳しい生活状況が続いた。

一方で、てんかんや心臓病等の疾病のある子どもが薬を切らし、近くの薬局で緊急に処方してもらって助かったケースや、避難所の自家発電機で医療機器のバッテリーを充電してもらったり、食料品やおむつなどの買い出しを障害のある子どもを持つ保護者同士が協力したりして、支

援し合うケースもあった。

〈課題〉
①地域への理解・啓発や地域交流の推進
　災害弱者である障害のある子どもが、避難できない地域にならないようにするためには、学校としては、さまざまな学校行事に地域住民が参加する機会を工夫し、保護者に対しても地域防災訓練や町内会行事などに参加するように促し、自分の子どもの障害の理解・啓発を積極的に行い、協力を得ていくように勧めていく必要がある。
②避難所での居場所の確保
　避難所では、障害特性に応じた居場所を確保し、避難所運営マニュアルに明記する。保護者には、地域の要支援者名簿に登録し、地域で支援してもらえるように勧める。
　特に、特別支援学校に在籍している子どもは、地域の要支援者名簿から漏れることがあるので、注意しなければならない。それを防ぐためには、特別支援学校の子どもたちには、居住地校交流などに積極的に参加させ、学校間連携を図りながら、子どもやその保護者と地域をつなげるようにしていく必要がある。
③緊急時の配慮事項の確認と備蓄の工夫
　緊急時に保護者がすぐに迎えに来られない場合を想定して、薬や医療機器、バッテリー等の他、偏食やアレルギーに限らず一般の非常食が食べられない子どもが多いことから、少なくとも１～２日分の個別の非常食や薬などを学校に備えておく必要がある。
　また、日頃愛用しているおもちゃや本、ぬいぐるみなど気持ちを落ち着かせるための物を学校にも備えておくと役に立つ。
④非日常の生活によるストレスケアの推進
　生活環境や生活習慣が大きく変わることによるストレスは、かなり強くなる。人の少ない落ち着ける場所を確保し、できるだけ慣れ

た人がかかわりながら生活のリズムづくりや遊びや運動などを取り入れて、ストレスケアをする必要がある。

3　緊急時の支援として参考となる事例

(1) 特別支援教育コーディネーターの役割を生かした事例

　海岸から6km離れ、七北田川と梅田川に挟まれた平地に位置するＡ小学校。津波からの避難者1300人。Ａ小学校の体育館はすし詰め状態となり、特別支援学級の子どもと通常学級の配慮の必要な子どもの居場所がなかった。写真2は、Ａ小学校の体育館の様子である。

　パニックを起こし、不安定になっている子どもたちを心配したコーディネーターが校長に相談をし、避難所運営責任者に理解と協力を求めた結果、子どもたちが安心して過ごすための部屋を確保することができた。情緒の安定を図るために、クラスメート同士の家族を同じ部屋で過ごさせたが、保護者同士では生活上のルールや役割分担をなかなか決められず、コーディネーターがイニシアティブをとりながら支援していった。また、ライフライン復旧後、1日でも早く普段の生活を取り戻させるために、子どもたちを学校で預かり、保護者には自宅の片付けに戻らせた。コーディネーターが中心になって特別支援学級の担任4人と共にボランティアの役割を分担して支援したことにより、10人近くの子どもたちとその家族が2週間程度の避難所生活を無事に過ごすことができた。

　この事例は、保護者が避難所運営責任者に言え

写真2　避難所となった小学校の様子

ない悩みをコーディネーターが介入して伝えたことで、居場所の確保と支援物資を優先的に配給してもらうなどの生活上の改善が図られ、避難所生活が円滑となった事例である。すべての子どもの実態を把握しているコーディネーターが避難所生活の支援に重要な役割を果たしたと言える。

現在この学校では、津波により避難所生活が長期化することを想定し、地域・行政・学校が共同で行う避難所運営マニュアル作成会議に特別支援教育の専門的な知見を持つコーディネーターを参画させて、障害のある子どもたちの実態に合わせたマニュアル作りを行っている。

(2) **地域との絆が功を奏した事例**

仙台市の東部・七北田川河口にある蒲生干潟から1kmに位置し、津波被害が甚大だったB小学校。津波が校舎の2階まで押し寄せ、児童99人と教職員16人、地域住民513人がB小学校の屋上に避難した。

特別支援学級の子ども2人に対し、雪の降る屋上では寒さと空腹に耐えられないのではないかと心配してくれた地域の方々が、津波で破壊されたがれきをかき分け、2階の一部の部屋を片付けてくれた。そのお蔭で、保護者のいない不安な一夜を無事に過ごすことができた。翌日ヘリコプターで搬送されるまで、この2人について理解してくれていた地域住民による励ましや適切な対応によって、泣いたりパニックを起こしたりせずに過ごすことができた。

地域の人たちは、日頃から声をかけたり、町内会の様々な行事に一緒に参加したりする中で子どもたちを理解していたことが功を奏したと言える。また、学校も小規模校の良さを生かして、いろいろな人とかかわる機会を積極的に持ち、地域に根ざした学校づくりを目指してきたことで、子どもたちと地域の関係は深まり、いざという時の支えとなることを実証した事例と言える。

4 新たな防災教育の取組み事例

(1) 避難訓練の工夫
1) 学校内での宿泊避難訓練の実施

仙台駅近くの小学校。震災時1800人の帰宅困難者がC小学校に避難してきた。校内が大混乱の最中、保護者への児童の引き渡しを行った。繰り返す余震の恐怖感と、保護者が迎えに来るまでの不安から、泣き叫ぶ子どもたちが多かった。

学校再開後も余震や母子分離に対する不安感を持つ子どもが何人かいた。その不安を軽減するために、学校内での宿泊避難訓練を実施した。

○ねらい
・余震があっても学校で過ごすことへの安心感を持たせること。
・学校に泊まる安心感と教職員への信頼感を持たせること。

○主な活動内容
・避難所のイメージを持たせるために、ホールで食事や寝る活動をする。
・地域のお店をめぐり、地域の人に顔と名前を覚えてもらう。
・プールや花火など楽しい活動をし、学校に泊まる抵抗感を軽減する。

○成　果
・宿泊訓練を経験し、学校は「不安なところ」から「楽しいところ」に変わり、安心な場所としてのイメージが持てた。
・一緒に寝泊まりすることで、余震があっても教職員を信頼し、「大丈夫」の声がけで落ち着いて避難できるようになった。
・地域の人とかかわる活動を工夫したことで、地域の人が、あいさつをしてくれたり、がんばりを褒めてくれたりするようになり、地域とのつながりがより強くなった。

・一人で店に買い物に行けるようになったり、母子分離不安が改善した子どもが増えた。

2）防災教育と関連させたミニ避難訓練の実施

　D小学校では、震災発生時に子ども2人が不明になり、教職員が校内を探した。2人とも動かずに教職員による救出を待っていたことから、怪我することもなく無事発見された。「先生が来るまで待つ」という指導が功を奏した。

〇ねらい
・身を守るための約束や様々な場面での避難行動力を身につけさせる。

〇主な活動内容
・生活単元学習で避難行動の意味付けと安全な場所として「落ちてこないところ」「倒れてこないところ」「動いてこないところ」など、具体的にイメージさせて疑似体験を繰り返し学習する。
・月1回定期的に実施される学校のミニ避難訓練（朝の5分間）の中で、学習した内容を実践し定着させる。

〇成　果
・非常ベルや防災頭巾をかぶることが苦手だった子どもたちも身を守るための約束の意味を繰り返し指導したことで、抵抗感が軽減されスムーズに避難行動がとれるようになった。
・定期的な防災訓練は、自分の身は自分で守る「自助」意識を高めるとともに、障害のある子どもたち同士も互いに助け合う「共助」の意識も高めることにつながった。
・担任以外の教職員や大人の指示を聞いて行動したり、約束を守って集団行動がとれたりするなどの成果が少しずつみられるようになった。

(2) 環境整備の工夫

1）ユニバーサルデザイン化した掲示物の工夫

　障害のある子どもたちのために工夫された避難の仕方や経路のユニバーサルデザインの説明図が校内に掲示されていることで、すべての子どもたちが安心して、絵や写真をみて避難行動をとれるように環境整備をする。

2）特別支援学級の教室での備蓄

　一般的な非常食が食べられる子どもたちは少ないことから、最低1～2日分の非常食を個別に備蓄しておく。ただし、賞味期限ができるだけ長い物を備蓄し、定期的に更新するようにする。また、実態に合わせて迅速に安全に避難できるように、背負いひもや担架、持っていると安心できる愛用品などを備えておく。

(3) 防災教育との関連について

1）年間指導計画の作成

　日々の生活や学習の中で防災教育を進めることが、いざという災害時に対応できる「自助」の力につなげられることから、複数の教科や領域（自立活動・道徳・特別活動）や各教科等を合わせた指導（日常生活の指導・生活単元学習）に関連付けながら、年間指導計画を作成していくことが大切である。

　○体育での危険回避能力を高める障害物走、着衣水泳

　　　避難経路ががれきや亀裂、落下物などで危険だったり、通りにくくなっていたりしている所をまたいだり、くぐったり、よけたりしながら避難していくために、様々な障害物走を工夫して運動能力を高めることをねらいとして学習する。

　○生活単元学習での非常食の調理と会食

非常食として、アルファ米やスープ、カップ麺など簡単な食べ物を作って食べ慣れるための実習をする。みんなで、少ない食べ物を分け合って食べることで、「共助」の訓練もできる。

2）地域連携活動の推進

日々の活動の中で地域の人々とのかかわりを持てるように、意図的に活動を計画する。地域を知る学習をすることで、障害の理解・啓発につながり、いざという時の支援につながりやすい。一方、地域連携活動の中で、障害のある子どもたちのできることを工夫し、人の役に立つ経験もさせることで、自己有能感を高める良い機会にもなる。障害があるということから「支援」をしてもらう立場になりやすいが、実態に合わせて人の役に立つ経験をさせながら「共助」の力も育てていきたい。

5　まとめ

(1) 特別支援教育の視点に立った災害時における校内支援体制の構築

安全で迅速な避難誘導を行うことができるようにしていくためには、障害のある子どもの緊急時における心の状態と、予想される行動を想定し、全教職員で児童理解を図り、校内で可能な限りの人的な支援体制を構築する必要がある。避難訓練の実施計画の中には、その支援体制と配慮事項を明確に示すことを校長として指導する必要がある。

(2) 地域の一員としての障害のある子どもの理解・啓発の推進

同じ避難者である障害のある子どもを理解してもらえずに避難所に居づらくなったケースが多かった。そのため、家族が孤立する状況がみら

れた。校長として、地域との連携の中で、障害のある子どもも地域の一員であることを理解してもらうために、プライバシーに配慮しながら理解・啓発を促進していくことが必要である。

また、特別支援学校に通学している子どもたちは、市内全域からスクールバスで通学しているため、緊急時には、運行ルート上の学校で、特別支援学校の子どもたちを受け入れることを想定しておく必要がある。一時避難先として依頼された学校では、バスを駐車するスペースの確保や具体的な支援内容を特別支援学校と検討し、連携していくことが必要である。

(3) 安心して避難できる居場所や非常食の確保を明記した避難所運営マニュアルの作成

仙台市では、東日本大震災の経験を生かし、全市的な取組みで避難所運営マニュアルを見直した。新たなマニュアル作りにあたり、行政・地域・学校が連携し、地域の実態に即したものにしている。校長は、障害のある子どもや食物アレルギーのある子どもも含め、避難生活の困難さを地域関係者に伝え、具体的な支援活動を示すことが大切である。

また、障害の有無にかかわらず、すべての子どもが安心して過ごせる居場所や非常食の確保に努めることをマニュアルに明記していく必要がある。また、専門性のある特別支援教育コーディネーターを避難所運営マニュアル作成や災害時の運営に参画させていくことも重要である。

(4) 恐怖体験をした子どもの心のケア

障害の有無にかかわらず、未曾有の大震災を経験した子どもの心のダメージは非常に大きいと考えられる。特に、障害のある子どもは、不安や過敏な反応が強まり、いまだダメージから回復していない子どもが多い。その症状は、時間の経過とともに緩和されると思われるが、障害の特性などによりその差が大きい。校長は、障害の特性に応じた子ども一

人ひとりの心のケアがなされるよう配慮していく必要がある。

(5) 関係機関との綿密な連携体制の構築

　今回の調査結果に基づいて、校長がリーダーシップを発揮して、医療や福祉等の関係機関に対して情報を発信し、綿密な連携を図っていくことが求められている。また、校長会として教育委員会に提言してきた障害のある子どもに対する支援体制の拡充を安全確保の視点でさらに推進していくとともに、障害の有無にかかわらず子どもが災害時に困難を抱えないようにするためのより良い「公助」システム構築に向けて校長会として今後も行政や関係機関に働きかけていく必要がある。

＊　　＊

　この報告は、平成25年度に仙台市校長会として指定都市小学校長会研究協議会で発表したものであるが、調査するにあたって、すでに震災から3年経っていたことから、異動によって学校が変わっている校長が多かった。そのため震災当時の勤務校の状態を知らない校長たちは、前任校長や特別支援学級の担任だった教諭から、一つひとつ聞き取りをして、このアンケートに答えてくれた。

　その中で、ある校長は、「アンケート調査を機に、震災時の子どもたちの避難所生活の困難な状況などを把握することができた」「改めて、緊急時の対応や校内体制を見直す機会になり、全教職員で危機管理意識を高めることができた」また、「地域と行政と学校で協議して避難所運営マニュアルの作成をする時に、居場所のなかった障害のある子どもたちの状況を説明し、具体的な配慮事項を明記することができた」などの声があった。

　特別支援教育を専門とする学校や学級の教職員は、障害のある子どもたちに対する危機管理意識は常日頃から高いと思われるが、通常の学校では、「特別支援教育の視点」で防災教育や防災マニュアルを見直した

り、校内の支援体制づくりを全教職員で共通理解を図ったりしている学校は、震災前までは少なかったのではないかと思う。

　この調査や報告を通して、「特別支援教育の視点」で防災教育や災害時の危機管理を行うことが「すべての子どもの命を守る」ことにつながる重要な視点であるという情報を共有することができ、さらに校長の役割を明確にすることができたのではないかと考える。

　仙台市の学校教育もまだまだ復興の途上にある。仙台市内全小中学校の子どもたちによる「復興プロジェクト」の取組みは4年目になったが、その取組みのひとつである鎮魂と復興の祈りを込めた8万羽の鶴が、今年も仙台七夕まつりのメインストリートの一角を飾っている（写真3）。

写真3　大量の折鶴でつくられた仙台七夕まつりの飾り

第二部

震災が「障害」を襲ったとき
障害のある子どもたちと家族や教師が直面したこと

第5章　避難所運営を通してみえた学校の役割
──特別支援学校教師の立場から

片岡明恵

震災発生時　宮城県立石巻支援学校中学部主事

　1000年に一度と言われた大災害、東日本大震災から3年半が経過しようとしている（本稿執筆時）。現実なのか夢なのか、周囲の被害の大きさに困惑や絶望を感じて過ごした毎日が嘘だったかのように、私が住む周辺地域は、表面上は平穏な生活を取り戻した。

　震災発生直後、全国のたくさんの人に、「物」「心」「身体」を支えていただいたお蔭で今がある。辛い悲しみを体験したけれど、『人は人によって生かされている』という大切なことを教えていただいた。江戸時代には「ありがとう」と言われれば「お互いさま」と答えるものだったらしい。近年、地域のコミュニティは関係性が希薄になった。しかし、いざという時に命を救ってくれるのは、この地域のコミュニティであることを痛切に感じた。

　この3年半の間に、被災地はゆっくりゆっくりではあるが、前に進み出している。復興住宅の建設、道路の整備等、地域の立て直しが始まっている。

　では、この想定外と言われた大震災の教訓は、人々の心にどれだけ浸透し、影響を与えたのだろうか。

　震災発生からわずか3年半の間に、日本では実に様々な自然

●石巻支援学校 （震災発生時）

設置学部	小学部、中等部、高等部
障害種別	知的障害、自閉症、肢体不自由、病弱
幼児児童生徒数	157人

災害が起きた。大雪・台風・竜巻・落雷・雹・土砂災害、これらによる甚大な被害がニュースになるたびに、地域住民の「生まれて初めてのことで驚いている」「まさかこんなことになるとは思わなかった」「もっと早く避難勧告があれば」というコメントが取り上げられた。つまり、大災害が「自分たちの周囲でも起こり得る」と想像を巡らすことや、いざという時にどう行動するかと考える「危機意識」はまだ十分ではないのかもしれないと感じさせられる。

救えたはずの命を失うことほど辛いことはない。親より先に子どもを失うことほど深い痛みはない。悲しみや苦しみを繰り返さないために、多くの人の英知と体験による教訓から、防災教育の充実や減災に向けた事前の対応に意識的に取り組んでいきたい。

1　重度・重複障害 狩野悟君の「生きたい」と思い続けた命
――医療器具が使えず命をおとす――

様々な災害のニュースを見るたびに、私は宮城県立石巻支援学校（以下、本校）の高等部に在籍していた「狩野悟君」を思い出さずにいられない。

狩野悟君は震災発生当時、高等部2年生だった（写真1）。難治性てんかんと気管軟化症があり、ベッドに寝たきりの状態で、酸素ボンベを必要とする重い障害をもつ生徒だった。学校と友達が大好きで、入院している時以外は休まずに登校を続けた頑張りやでもあった。悟君が登校した日は、なぜか学校がいつもより温かい空間になった。悟君には人を引き寄せる力があり、教室には必ず友達か担任以外の教職員がいて、笑いがあった。

しかし2011年3月11日、東日本大震災の日は違った。本校が小・中

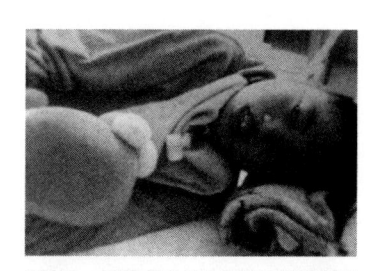

写真1　高等部2年生当時の狩野悟君

部の卒業式だったため、臨時休業日だった悟くんは家族と共に自宅で過ごしていた。そしてこの日、家族以外の誰かが悟君の近くに来てくれることはなかった。

　母親は震度７の揺れから、なんとか悟君を守ったものの、一人で悟君を避難させることは不可能だった。あっという間に自宅に津波が押し寄せた。母親は、悟君と小さな弟をベッドの上で抱きかかえながら死を覚悟したと言う。しかし津波は奇跡的にベッドの高さで止まった。悟君の「生きたい」という切なる願いが通じたのかもしれない。ところが、悟君の命をつなぐ医療器具はすべて海水に浸かったため使えなくなり、悟君は息を引き取った。それから数日後、すべてが津波に流されたはずの狩野家で、悟君の学校生活の様子を残した写真集が見つかった。この時私は、悟君の魂は生きていると思った。そして「もっと生きたかったよ、先生」と声が聞こえたように思った。

　小さい時から死と向き合い、何度も手術に耐えて生き抜いてきた悟君の「もっと生きたかった」という思いを、私は忘れることができない。そして、救えるはずの命を救える体制づくりに努めたい、と痛切に思った。

　被災地では、辛い思い出からようやく立ち上がることができた人がいる。できれば忘れたいと思っている人たちもいる。そのようななかで、悲しみから一歩、踏み出した人の心情に寄り添いながらも、この体験を語れる者は語り継ぎ、「自らの命は自らが守る意識」を強くもってもらえるよう働きかけなくてはならない。自助ができて初めて共助が機能する。そして知識が身を助ける。

　東日本大震災から得た教訓を語り継ぐことが私たち生かされた者の使命であり、しっかり命をつないでいくことが、亡くなった方々への御供養になると思っている。

2　学校の避難所運営を通してみえたこと

　本学校は避難所指定された学校ではなかったが、校長の「学校は地域と共にある」という教育的信条のもと、59日間避難所として学校を提供することになった。そして、その間、学校の教育の場としての機能は閉じられることになった。

　地震から2時間が過ぎた頃、必死の形相をした人々が次々と学校にやって来た。顔面蒼白な帰宅困難者、ずぶ濡れで震えている方、一人で心細いと震える高齢の地域住民、どこにも行くところがないと駆け込んでくる在校生や卒業生の家族。時間が経てば経つほど、学校に駆け込んでくる人の数は増えていったのである。

　この時、学校には危機管理対策本部に属する20数名の教職員しか残っていなかった。教職員も家族の安否確認のためにいったん帰宅していたからだ。まさか学校で避難所運営に携わることになるとは思いもしなかったが、避難所を運営する側になって初めて分かったことがたくさんある。そして教育活動を閉じたことによって、学校が子どもに、保護者に、地域に、教職員に、普段どのような力を与えていたのか、その大きな影響力を再認識することになった。

(1) 学校は「地域」と共にある：地域住民の協力

　震災当日、まっさきに本校にやってきたのは本校周辺の高齢者だった。今は共働き家庭が増えているため、日中は一人または孫と一緒、という高齢者が多い。こうした方々を受け入れたことによって、その後、本校は大きな支援をいただくことができた。

　本校周辺には農家の方が多いことから、自家発電機で玄米を精米し、ガス釜とともに提供してくださったり、イチゴやキュウリ、ホウレン草といった果物や野菜をふんだんに差し入れてくださった。「学校に助け

てもらったから、少しだけど……」という言葉に「お互いさま」の精神と、学校は地域に支えられて成り立っていることを痛切に感じた。そして学校から400mほど離れたところにある地域の福祉施設からも、たくさんの物資の応援をいただき、心強かった。

　そしてこの時のやりとりが契機となり、震災後、本校と地域の距離感はぐんと近くなった。互いに挨拶を交わしたり、地域の方が運動会の応援に来てくださったりするようになった。学校が地域の皆さんに包まれていると感じられることが、大きな安心感になった。

(2) 学校は「仲間」と共にある：他の特別支援学校からの支援

　震災当日、いったん自宅に帰った教職員は自宅の被害が甚大であったこと、ガソリンがなかったこと、親戚が行方不明になっていることなどの理由で、本校に来られない状況のため、避難所運営は20数名の少ない教職員で進めるしかなかった。

　夜中、廊下に灯すロウソクの火の管理、余震への対応、病院から送られた20数名の一時手当を受けた高齢者介護、1日3度の食事の支度、避難者の健康管理、トイレで使用する流し水の運搬、感染性胃腸炎への対応など、昼夜を問わず膨大な仕事があり、1週間後には教職員の誰かが倒れても不思議ではない状態にあった。

　そのような時、近隣の学校に衛星電話があることを知った校長が、宮

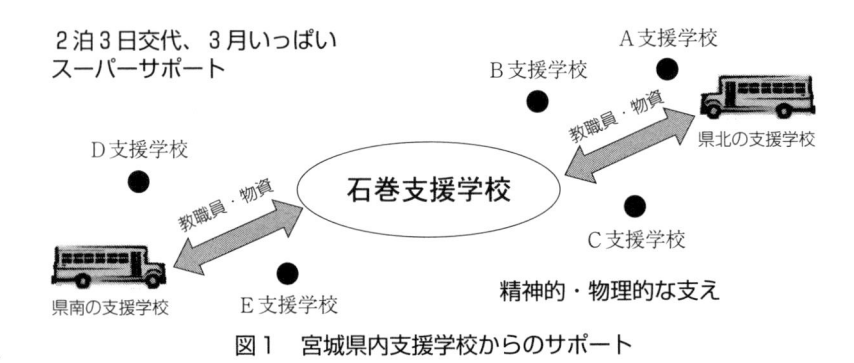

図1　宮城県内支援学校からのサポート

城県の特別支援教育室に応援要請をした。特別支援教育室ではすぐに対策を講じてくれ、被害が少ない地域の特別支援学校の教職員が2泊3日のローテーションで派遣された（図1）。自校のスクールバスを持っている県南と県北の学校を起点とし、スクールバスで石巻に向かいながら、各地の教職員と不足している物資を運んでくれた。

この時、何より心強かったのは「派遣された教職員の気持ち」だった。避難者の中には怪我をしている人、服薬管理が必要な人、自閉症のこだわりが強く出てしまった子ども、夜間に急に熱を出す人、徘徊する高齢者、と配慮の必要な方がたくさんいた。

日頃から、子どもの状態を目と心で感じ取ることができ、即座に対応を判断できる支援学校の教職員は、派遣されたその日から、避難者に私たちと同じような対応をしてくれた。そして離れていても阿吽の呼吸やアイコンタクトだけで、"してほしい"と思うことを察して手伝ってくれた。さらに、私たちが気づかないところまで手を掛け、避難生活がスムーズになるように支援してくれた。とても救われた。張り詰めていた心がほっとして涙が出た。

この支援学校の教職員がもつ専門性は、これからも生かされるべきところで生かされなくてはならないと思う。そしてこの時の学校間の支援体制は、一過性の体験で終わらせることなく、非常時に動くシステムとして整えていただけたら大変心強い。

(3) 学校は「子ども」と共にある：「子どもがいる」ことが力に

避難所となった59日間。誰もが希望の光を探していたに違いない59日間。

しかし、この59日間、最大で81人の避難者の皆さんの顔には時々笑顔があった。それは、本校在籍の児童生徒がいたからである。子どもの屈託のない笑い声や表情に、思わずこちらも笑顔になる。泣いている子どもがいれば、何とかして幼子を守らねばと、みんなが協力したり心配し

たりした。子どもがいたから、大人は頑張ることができた。子どもの存在を中心に明るい光がぽっと灯っていたようだった。障害のあるなしは関係ない。「子どもがいる」ということが、大人の力になっていた。

　この子どもが持つ力の大きさは、震災から2カ月後の5月12日、学校を再開した時、さらに痛切に感じた。彩りがなく、静かで冷たいコンクリートの空間に感じられた学校が、2カ月ぶりに子どもたちの登校を迎えた時、歓声と笑顔と再会できた喜びと嬉し涙で沸き返った。震災後の安否確認で行った家庭訪問の時には暗い表情だった子どもたちが、見る見る笑顔を見せた。その姿に教員は「楽しい授業をするぞ」と授業作りに力を入れた。その結果、心身ともに疲労状態にあった保護者が前向きになった。地域の人々は「学校が始まるとやっぱりいいね」と言ってくれた。

　学校は子どもがいる空間だからこそ意味がある。子どもを中心として、教職員、保護者、地域が一つになることを知った。学校は子どもによって活かされる場であり、子どもがいることによって、互いに影響を与え合い、相乗効果で前を向いていけるのだと感じた。59日間、本校が避難所となり、教育活動を閉じていたことによって気づかされた学校の存在価値の大きさだった。当時の校長が「当たり前にやってきた教育活動には『セラピー的効果』がある」と、その様子を見て語った言葉に深く感銘した。

(4) 役割と活動で満たされる人としての尊厳：
　　避難者たちの自主運営へシフト

　59日間の避難所生活。ライフラインが止まり、店もすべて営業停止。学校や職場にも行けない。何かしたくても行動できない状況がしばらく続いた。避難所生活が始まって3週間後、本校で避難生活を送る皆さんの顔からは生気がなくなっていった。自宅に閉じこもっている子どもたちには自傷行為や他傷行為、赤ちゃん返りなどの退行現象がみられてお

り、心理的に追い込まれている状態がみて取れた。

　そこで、避難所運営を教職員による運営から、避難者自身の運営に切り替えることにした。役割分担を明確にし組織的に運営してきたことから、その流れに沿って進めてもらえば大丈夫だった。すると、自主運営に切り替えた途端、「今日の食事は何にする？」と相談が始まったり、元気のない方に声をかけ合ったり、レクリエーション活動が企画されたり、それぞれが自主的に活動するようになった。それまで避難者に心理的負担、精神的負担をかけたくないと考えてきたが、それは混乱期が過ぎた頃から見直しが必要であると考えさせられた。行き場を失った子どもとその家族には、本校の体育館を遊び場として提供した。

　その結果、避難者の皆さんの表情が変わり、自主的な話し合いの場がもたれるようになった。子どもたちは体を動かすなかで、いつもの姿を取り戻していくようだった。どのような状況であれ、人には「役割」が必要で、目的のある活動があることで、心の安定が図られているのだということも感じさせられた。

3　「災害弱者」は誰だったのか

(1)「情報が得られない」ことは致命的

　そのようななかで、気になる言葉がある。「災害弱者」という言葉である。災害弱者は誰か。一般的には災害時要援護者のことであり障害者・疾病者・高齢者・妊婦・外国人・旅行者が想定されている。

　しかし、筆者はこの時の災害弱者に、被災地の真っただ中にいて、「何ひとつ情報を得られなかった人々」が含まれると感じた。当時、被災地は津波によるアンテナ被害のためにラジオから情報を得ることができなかった。防災無線も全く機能していなかった。携帯電話も使えず、本校の外の状況は何ひとつ分からなかった。家族といつ会えるのか、避難所生活がいつまで続くのか……。見通しが立たない生活、物資の応援

もない生活は、どれだけ人々を不安にさせていたかと思う。

　実際に、本校は公的機関から食料や物資の応援をいただくまで約1週間を要した。どうすれば避難所の認定がされるのか、と皆で考えたが、その方法は誰も分からなかった。また目の前の避難者対応、そして在籍する子どもの安否確認を優先していたために、1km先にある中学校が地域の災害対策拠点として動き、食料配給をいち早く行っていたこと、医師が常駐していたことも、4月になってから分かって驚いた。幸い、本校周辺の方々に助けられ、避難者の命を守ることはできたが、「情報がない」ということは「致命的なこと」だと思った。

(2) 心理的負担の大きい「障害児・者の家族」

　さらにもっと深刻だったのは、障害児・者本人以上に、その家族が抱える心理的負担の大きさだった。

1）最初の1週間

　東日本大震災当日、電気がつかない、テレビが見られない、食べるものがない、トイレの水は流れない……と、いつもと違う状況が急に振りかかったが、この日、パニックを起こした子どもはいなかった。重度・重複障害で体温調節がうまくできず温度管理に配慮が必要な子どもも、不思議と熱を出すことはなかった。本校に避難してきた在校生や卒業生は、寒い体育館の中で、どこにいるか分からないほど静かにみんなの中にとけ込んで過ごしていた。子どもたちなりに、大変な非常事態であることを感じ取っていたのだと思う。不安でどうしていいか分からないというよりは、「わがままを言ってはいけない」と思っていたようだった。声を上げることも走り回ることもなく、一般の避難者の方々と同じように過ごしていたのである。

　重度・重複障害のある生徒は、不安げな母親を励ますかのように、いつも以上に「ふふうっ」と何度も笑顔を見せた。翌日は本当に食べるも

のがなく、学校に残っていた米をなんとか炊き、小さな小さなおにぎり一つずつ渡すことが精いっぱいだったが、それでもみんな静かに受け取った。無意識かもしれないが、親を心配させたくないという思いが、子どもをたくましく健気な行動に駆り立てていたように感じた。普段「弱い存在」と言われることの多い子どもたちだが、いやいや、子どもの秘めた底力を見た思いがした。

　しかし、この子どもたちの頑張りは1週間が限界だった。自閉症の子どもは急に不適応行動を起こすようになった。重度・重複障害の子どもは熱を出し始めた。子ども自身の力では踏ん張りが効かない状態になっていた。

2）1週間後以降

　本校では障害や介護の度合いを観点に、ニーズに応じた部屋割りで生活スペースを割り当てていた。重度・重複障害の子どもには家族単位で過ごせる教室を使ってもらっていたが、体力的に余裕がありそうに思えた自閉症・知的障害・肢体不自由の子どもには、大部屋で過ごしてもらっていた。震災後は雪のため寒い日が続いており、数台の石油ストーブで部屋を温めるには、大部屋を使うしか選択肢はなかったのである。

　しかし、私は後でこのことをひどく反省した。自閉症の子どもたちのSOSが悲痛だったからだ。一人は震災から約1週間後の夜、消灯時間が過ぎると突然目を見開き、大声を上げ続けた。どんなに言葉をかけても、学校内を歩き回ったり、大好きなトランポリンを一緒に跳んでも叫び声は1時間以上続いた。もう一人の子どもは静かだったが、自分の腕を指先で掘るように掻き続け、傷口から雑菌が入って何度も熱を出すようになり、夜間に救急車を呼んだり病院へ連れて行ったりすることが多くなった。

　自閉症の子どもの特性を知っていながら頑張らせすぎてしまったこと、配慮できなかったことを情けなく思い、子どもにも保護者にもただただ

申し訳なく、無力感でいっぱいになった。この時、自閉症の子どもの保護者が、共に過ごす避難者の皆さんに沈痛な表情で「すみません」「迷惑をかけています」と頭を下げて歩いていた。その姿を見て私はさらに胸が苦しくなった。

3）共に避難所では暮らせない子どもたち

本校では自宅の被害が甚大でも地域の避難所や本校には行かず、自宅や自家用車で生活した自閉症の児童生徒の家族がたくさんいる。理由は「人がたくさんいるところは無理だから」「新しい環境で不安になるよりは少しでも安心できる自宅のほうがいいと思ったから」「迷惑をかけるから」というものだった。

つまり、このような非常時に、自閉症の子どもを抱えた家族は行き場がないのである。生活が困難な上に、子どもの障害への配慮、周囲への遠慮と、心理的負担が二重三重の辛さを目の当たりにした。言葉が出なかった。辛かった。

この多重の困難さは重度・重複障害の子どもの家族にも当てはまることだった。本校に避難した重度・重複障害の子どもは1週間後から頻繁に肺炎を繰り返すようになり、何度も夜間急患センターに運ばれた。数日単位の入退院を繰り返したが、福祉避難所へ移していただくことや、仮設住宅に優先的に入れていただく願いは叶わなかった。何度、学校側からかけ合っても「家族がいるから大丈夫でしょ？　まだいいほうですよ」と断られた。その度に、保護者は「迷惑をかけてすみません」と私たちに頭を下げた。

避難所では、肢体不自由や知的障害の子どもは、話しかけられることを楽しみにしながら、一般の避難者の方々と共に過ごすことができていた。しかし、情緒障害、自閉症、重度・重複障害の子どもは違う。刺激が少ない空間や衛生環境の整った空間がなければ安定した生活ができないのである。情緒障害、自閉症、重度・重複障害の方々には刺激が少な

い空間だったり、衛生環境の整った空間だったりすることが、そのままライフラインなのである。障害に対する理解がなかなか得られにくい時、家族は大変深刻な「災害弱者」になることを、私は実体験を通して痛感した。

4）自宅に戻ってから

　障害児・者の家族の「災害弱者」としての困難さは、避難所を出て自宅に戻ってからもしばらく続いた。東日本大震災のあと、被害が甚大な地域は食料や水の配給のため、自宅から少し離れた公園や集会所まで出向き、長蛇の列に並ぶ必要があった。「2時間近く並び、ようやく自分たちの番となったところでパニックを起こされ、何ももらわず自宅に帰ったんです。恥ずかしいやら、情けないやら悲しいやら……。その日は家に帰って泣きました」という保護者の話も聞き、身につまされた。

　また津波で家を失い、常時、痰の吸引が必要で気管切開しているため流動食を注入する形で栄養状態を保っていた子どもの家族は、その子の命を守るために、あちらこちらで冠水した道路をくぐり抜け必要な流動食を手に入れるため奔走した。母親はその子どもをずっと抱えて体温調節をし、父親が必死に運転して石巻市内を走った。どこかに非常時に備えたストックがあると分かってさえいれば、危険な地域を走る必要はなかった。

　障害児・者とその家族だけではどうにもできないことがある。そのことにこそ、支援の手が厚くなればと思う。障害特性の理解と、ライフラインのひとつともいえる安心できる環境の確保、物資の用意が当たり前のこととして理解され、何かしらの困難さを抱えた方々が社会の中で守られるようになった時、「災害弱者」という言葉は必要性が小さくなっていくのだろうと思う（そして、インクルーシブな社会になれば特段、「災害弱者」という言葉自体があまり意味を持たなくなると考えている）。

4 震災後にみられた子どもたちの特徴的な姿（障害種別）

　前述したとおり、震災直後に子どもたちの行動や状態に大きな変化はみられなかった。1週間を過ぎた頃から、それぞれの障害種による特徴的な姿が出始めた。個人の特性による影響も大きいので、一般的ではないかもしれないが、どのような状態像を示す可能性があるか把握しておくことは、防災教育を含めた学校教育を考えるうえで参考になるものと思う。

〈事例1〉知的障害のある生徒

　地域の避難所で生活した知的障害のある子どもは、避難所運営の方の配慮を受けながら生活することができた。地域とのつながりを日頃から心がけていた保護者は、地域の方に子どもを頼み、床上浸水した自宅の片付けに専念できたケースもあった。子ども自身、多くの人の中で声をかけられながら過ごすことは、楽しみにもなっていた。

　4月になると、本校の避難所には宮城教育大学の学生が、子どもの遊び相手・学習支援のために1カ月間、力を貸してくれた。なかには、大学生と活動する時間を心待ちにしている子どもがいて、自宅に帰れるようになったのに〝帰りたくない〟と言うこともあったほどだ。人なつこさがある知的障害の子どもにとって、集団生活はさほど苦になることではなかったようだ。

　しかし、自宅に帰ってから変化が表れた。T君（中学部3年）は、住み慣れた地域の風景が一変していたことから、外に出ることに抵抗を示すようになった。そして家から出なくなってしまった。買い物に行けば長時間並んで静かにしなくてはならない。大好きだった公園はなくなっている。母親がT君の心理状態を察し、震災の影響がなかったところへ連れ出しても、着いた矢先に「お母さん早くおうちに帰ろう」「おうち

は？」と帰りたがるようになった。

　震災後3カ月間、外へ出ようとしなくなったT君は太り、その後、少しずつ地域が通常の生活を取り戻すスピードに合わせて、気持ちも落ち着き、外へも出られるようになった。環境の変化にショックと不安を強く感じていたことが分かった。感受性の強い子どもたちは不安や苦しみからの立ち直りに時間を必要とする。だからこそ、学校は子どもの心の立ち直りのために「楽しい場」「通いたくなる場」でなければならないし、教師は子どもに「取り組みたくなる授業」「もっとやりたいと思わせる授業」を心がけなくてはならない。

〈事例2〉肢体不自由の生徒

Mさんの場合

　3月11日の大地震の時には母親に促され何とかテーブルの下に頭を隠し、命を守ることができたMさん（小学部6年）。しかしその後、避難行動がとれなくなった。毎日数十回という余震が続いたが、その度に身をこわばらせ、頑として動かなくなったというのである。家庭訪問に行くと、そのことを母親から相談され、Mさんと話した。するとMさんは苦笑いしながら「だってさ、怖いもん。ねぇ……」と言った。

　Mさんの言葉を聞いて思った。自分で自由に逃げられないことが分かっているだけに、また東日本大震災のような大きな地震が来たらどうしよう……と不安でいっぱいなのだろうと。

Kさんの場合

　Kさん（中学部1年）は、震災直後からおう吐を繰り返すようになった。食べれば吐くを繰り返し、食事をとろうとさえしなくなっていった。そして急激にやせた。Kさんは地域が壊滅した東松島市の集合住宅の4階に住んでいた。見たくなくても、窓から一変した地域が一望できてしまう。その中で、通常の気持ちでいられなかったことは容易に想像がつ

いた。そして発語はないが感受性が強いKさんは、自分の力で自宅の4階の階段を降りられないことを十分に分かっているように感じられた。Kさんが食事をとれるようになるまで、半年もの時間が必要だった。

　これらのケースから肢体不自由がある子どもたちには、いざという時は誰かが助けてくれるという強い安心感を実感できるように、繰り返し体験させなくてはならない。

〈事例3〉 重度・重複障害の卒業生

　Rさんは酸素吸入と脈拍管理が24時間必要な子どもだった。母親は震度7の地震後、「津波が来るかもしれない。津波がなくても何かしら起きそうだ」と胸騒ぎを感じ、何よりも急いでまず救急車を要請した。この一瞬の判断が功を奏し、Rさんは津波が迫る前に、病院があふれかえる前に、そして道路が渋滞する前に、病院に受け入れてもらうことができ、命をつなぐことができた。

　やはり「知識は身を守る」という教訓を痛切に感じた。そして「学校だより」等で定期的にミニコラムのように知識を発信し続けながら、保護者の危機意識を高めていく重要性を痛感した。

〈事例4〉 自閉症の生徒

　H君の場合

　震災発生直後は静かに過ごせていたが、後々、多様な状態像を見せたのは自閉症の子どもたちだった。

　これまでしたことがないのにおばあさんの頭を叩くようになった、家の窓ガラスを叩き続けて割ってしまった、「おうち壊れちゃった」と連呼し続ける、自分の頭を叩き続ける、高いところに上がったり飛び降りたりを繰り返す、といった今までしなかった突飛な行動が様々見られた。学校はなぜか休みだし、周囲の環境は一変し、つくはずの電気やテレビ

はつかない……。非日常の光景の中でどれだけ子どもたちが混乱していたか容易に想像できる。

　本校に避難していたＨ君（中学部２年）は、震災から１週間後に自分の腕を傷つけ始めた。また母親の姿が少しでも見えなくなると、トイレに異物を詰め込むようになった。母親は少しでも早く家を片付けたいと考えていたが、思うようにならず、仕方なくＨ君を床上浸水し傾いた家に連れて行った。パニックを起こすだろうと想像していた母親の予想を反し、Ｈ君はただ立ち尽くし涙を流したという。それがＨ君の生まれて初めての涙だったとお母さんは話していた。すると不思議なことに、その日を境に不適応行動は落ち着いていった。そしてゲームが好きだったＨ君は担任からの携帯ゲーム機の差し入れが救いとなり、母親が少し離れても落ち着いて過ごせるようになった。

　私たちは自閉症の子どもには、言葉の理解に困難さがあることを理由に、状況説明することをあまり意識してこなかったのではないか、とハッとさせられた。情報をもてない人々は「災害弱者」だと前述したが、まさに自閉症のある児童生徒は何が起きているか分からない、この先どうなるのかも分からない、しかも周囲の風景は大きく変わっている……。混沌とした大きな不安を感じる「災害弱者」だったのだと思う。

Ｒ君の場合

　震災後、避難所生活は初めから無理だと諦め、山の中で１週間、車中泊をしていた中学部２年のＲ君の一家がいる。Ｒ君は最も被害の甚大な地域に住んでおり、自宅周辺の地域はすべて津波にさらわれた。震災から１週間後、車のガソリンが底をついたことを機に、本校に避難してきた。

　８年間登校した勝手知ったる学校空間だが、初めて来たかのように身を縮め、教室の隅にうずくまっていた。そして、しばらくするときょろきょろ黒目を揺らしながら、ロッカーの上に上がったり降りたりを繰り

返した。さらには数日後に発熱し、夜間急患センターに運ばれた。校庭が大好きだったのに、外に出るのを嫌がりいつも教室の隅に小さくなっていた。

　両親は集団生活が嫌で落ち着かないのだろうと考え、傾きかかったアパートに急遽、転居した。しかしこの生活空間の変化がさらにＲ君を不安定にさせた。そこで、再び本校に戻ってきて、避難所が閉じられるまで生活した。その間、両親はＲ君が安心するようにと規則正しい生活を送り、毎日Ｒ君が好きだった散歩を続けた。

　本校の避難所が閉じられた後、仮設住宅の抽選にはずれ、住まいは２回変わった。するとＲ君の自傷行為は一段とひどくなった。顔面が腫れ上がるまで拳で叩き続けるようになった。両親は心配して医療機関に相談に行ったり、テコンドー用のヘルメットで頭と頬を守らせたり、Ｒ君にできるだけ寄り添い自傷行為をやめさせようと努力した。

　するとある日、Ｒ君が父親に両腕を差し出した。父親が「縛るのか？」と本人に確認しながらＲ君の両腕をタオルで縛ると、ふっと安心した表情を見せ、眠れなかった夜も眠れるようになったという。しかし手が使えなくなると、しゃがんで膝頭で顔面を叩くようになった。そこで担任を中心に極力しゃがませないように目を配った。膝頭で自由に叩けないと分かると、次は口の中を噛んで口内炎を繰り返した。そのため、食事も顔をしかめながらとっていた。

　両親が本当に気の毒だった。臨床心理士につないだり、小児科医師に学校で様子を見てもらったりしたが、なかなか行動は改善されなかった。学校では担任が常に寄り添い、本人のペースに合わせて言葉かけをしたり学習への参加を促したりした。すると２年を経過した頃から、にこっと笑ったり、促しがあれば教室に移動したりできるようになってきた。家では前に好きだったＮＨＫの教育番組を見たりすることができるようにもなった。生活にようやく見通しがもてるようになったのか、少しずつ落ち着いてきた。

R君の家族は、彼が小さい頃から地域の福祉施設を利用していたことから、福祉施設の職員に放課後や休日に受け入れていただいたり、保護者は機会あるごと励まされたりした。その関係性があったことで、R君にとっても保護者にとっても、気分転換のできる時間が確保できた。R君には自傷行為や集団への入りにくさ、校外活動への抵抗感はまだ残っているが、学校以外の場からゆっくり寄り添った支援を進められたことは、大きな救いだった。

5　特別支援学校教職員に求められること

(1) 感度のいいアンテナを高く張る

　第一に子どもの命を守るために、教職員一人ひとりが「感度のいいアンテナを高く張ること」が必要だ。

　災害はいつ・どこで・どのようにやってくるか分からない。そして大災害は過去の繰り返しというより、想定外のことが多い。だから学校は組織体だが、だれかの指示待ちではいけない。一人ひとりが主体的に考え、瞬時に判断できるようでなくてはいけない。目の前の子どもをこの場、この状況で守りきれるのか？　どうすれば守れるのか？　何が必要か？　どこへ避難させればいいのか？　と、常に意識して考える習慣をつけたい。

　そう考えれば学校がある地域の特色を知っておく必要がある。学校周辺だけでなく子どもの居住地域まで含めて、ある程度把握しておく必要がある。

　その上で学校独自のベースラインとなる危機管理マニュアルが必要であり、活用できるようでなくてはならない。さらに最低限のこととして、学校のどこに備品があるか、全教職員が分かっている必要がある。緊急時は待ったなしである。短時間に様々な対応ができるようにしておきたい。石巻支援学校では過去に、どの学部でも校内宿泊学習があったこと

から、布団・懐中電灯・電池・ろうそく・大鍋・薬など、どこに何があるか教職員がおおよそ把握していた。だから20数名の少ない教職員でも避難所運営ができたのだと思っている。

(2) 子ども自身の災害対応能力を高めること

第二に、「子ども自身の災害対応能力を高めること」である。

小学部に入学当初、火災報知器の音を怖がってパニックを起こしたり、机の下に潜ることを嫌がっていたりした子どもたちも、数年後には当たり前に避難訓練ができるようになる。反射的に動けるようになる。防災頭巾が嫌で泣いていた子も、経験を繰り返すうちに当たり前にかぶれるようになる。この子どもたちの学習能力を、学校にいる間にしっかり伸ばしたい。

避難行動をとるために大切なことが3つある。

①逃げ切るための体力：個人ごとの最大限の体力、

②子どもと教職員との信頼関係：安心できる関係性、

③友達や仲間との共同性：集団の中での安定感、である。

これら3つのことは何ら特別なことではない。学校教育活動の中で「知」「徳」「体」を十二分に育て、望ましい学級経営ができていることが、そのまま防災教育の基盤になる。特別なことを特別に学習するのではなく、普段の学習や遊びの中で身につけたことが、いざという場面で生かされるようにしたい。

例えば、体育のゲームや休み時間の遊びの中で、鬼ごっこをする・かくれんぼをする・低いところをしゃがんでくぐる・ジェスチャーゲームで口を手で押さえるポーズを真似する・教師が「集まれ」と合図をしたらぱっと集まるなどの行動を、遊び感覚で鍛えておきたい。さらに、教師は子どものできたことを認め褒める・できないことはできるように寄り添う・心の声を聞き取るように努力する。当たり前のことだが、そうした毎日の中で、子どもたちに「先生といれば安心だ」と思わせたい。

そして学級や学年を良い集団に高め、子ども同士でまとまっていられる関係性・みんなと共に活動することを楽しめる協調性を育てておきたい。

(3) 子どもの発信力を高め、教師の受信力を上げる

第三に、「子どもの発信力を高めること」「教師の受信力を上げること」である。特別支援学校には、自分の気持ちを伝えることが苦手な子どもが多い。東日本大震災の時も、子どもは限界まで自分の内面に不安要素を溜め込んでしまい、不適応行動を起こした。

そこで、学校生活の中で、子どもの意思を確認する場面を意図的・意識的に多くしていきたい。二者択一で選ぶ、発語のない子どもは代替コミュニケーションで発表するなど、何かを伝えることを当たり前にし、何の方法なら伝えられるのかを子ども自身が分かり活用できるようにしておくことが大事だと考える。

それでも変化に弱い子どもたちは、非日常の条件下では心を閉ざしてしまうことが想像できる。教師は子どもの行動から心理状態を読み取れるように、観察力と心の受信力を普段から高めておきたい。

(4) 親を巻き込む

第四に、「親を巻き込むこと」である。東日本大震災は子どもが家に帰っている中で起きた。災害は学校にいる時間に来るとは限らない。学校と親がどのように緊急時の連絡を取り合うのか、緊急時にすぐ連絡を取り合おうと思える関係性をどのように構築していくのか、子どもの命を守るために必要な準備は何で、どのように整えておけばいいのか、しっかり共通理解しておく必要がある。

大事なことは、親が慌ててパニックを起こす状況をつくらないことだと思う。そのための定期的な情報発信、保護者を巻き込んだ避難訓練、子どもに必要な災害時を想定した3日分の備蓄の用意など、学校と家庭ができることを当たり前にしていくことも求められていると考える。

(5) 地域を巻き込む

　第五に、「地域を巻き込むこと」である。知的障害の特別支援学校でも、肢体不自由がある重複障害の子どもの在籍が増えてきている。そこで地域の方には本校に避難していただく。そして本校に来た場合は子どもたちの避難行動に力を貸していただくという共助の関係を構築しておきたい。

　この共助の関係は、災害の被害をより小さくするために欠かせない視点である。これは、実際に地域に助けていただいたことで、より実感を持って感じる。地域の人の助けには間接的な広がりがあったことも、ここで付記したい。

　石巻支援学校では、震災直後に地域の方々を受け入れた。その後、「地域の人から学校は頑張ってるという話を聞いた」と、地域の人たちが学校に野菜や果物を届けてくれた。人がつながり、大きな輪で支えていただけた。地域の方の存在は学校にとって大きな守りになると実感している。このことから、災害の時だけでなく、日頃から気軽に学校に足を運んでもらえるように機会を設定し、顔のつながる関係作りをしていきたいと考える。

(6) 子どもの余暇活動の充実

　第六に、「子どもの余暇活動の充実」である。学校では学習指導には力を入れるが、子どもが自由時間をいかに自分らしく過ごすか、という点ではまだ指導の弱いところがある。指示通りに行動はできるが、休み時間になると何をしていいか分からない、といった子どもも少なくない。

　今回の震災で、外でのキャッチボールを日課にしていたT君は3カ月間外に出られなくなり、他にすることが見つけられず太ってしまった。散歩が大好きだったR君も散歩を好まなくなり、自傷行為が激しくなった。このことから、好きなことが複数あることは、子どもを不安から守

る手だてのひとつになると思われた。ライフラインが止まったり避難所で生活しなければならなかったりした時に、「屋外での活動」「屋内での活動」「動的な活動」「静的な活動」と多様な内容で、できることがあると安心だろうと思う。

特別支援学校には興味関心の幅が狭い子どもたちが多いことから、学校生活の中で多様な教育活動を通して、子どもの適性を見つけ、子ども自身の「好き」を増やしていきたいと思う。

6　震災をきっかけに変わった保護者の考え

東日本大震災は保護者の意識を大きく変えた。学校ではこれまでも障害のある子どもたちを地域にとけ込ませる必要性を保護者に働きかけてきた。居住地校交流学習の参加や地域の子ども会活動、お祭りへの参加、地域の福祉サービスの利用を進めてきたが、積極的参加は少なかった。東日本大震災の前は「子どもは家庭で守るから大丈夫」というのが保護者の考え方だった。

ハートバッチ：障害のあること、支援が必要なことを日ごろから表明

しかし東日本大震災後、この考えは大きく変化した。このことは、「ハートバッチ」利用に関するアンケート結果に表れた。ハートバッチとは、以前から定期的に交流を続けている宮城県立古川支援学校が考案したもので、障害をもっていることを示すバッジであり、ハートバッチを着けている人が困っている時には手を貸してほしいと、理解・啓発と協力を求めるものである（141頁参照）。

東日本大震災前は、「子どもが障害をもっていることを外に知らせたくない」「必要性を感じない」との意見が多く、活用しないことに決めていた保護者が多かった。ところが東日本大震災後、改めて活用に関する意識調査をすると、次ページの図2ように、9割を超える保護者が

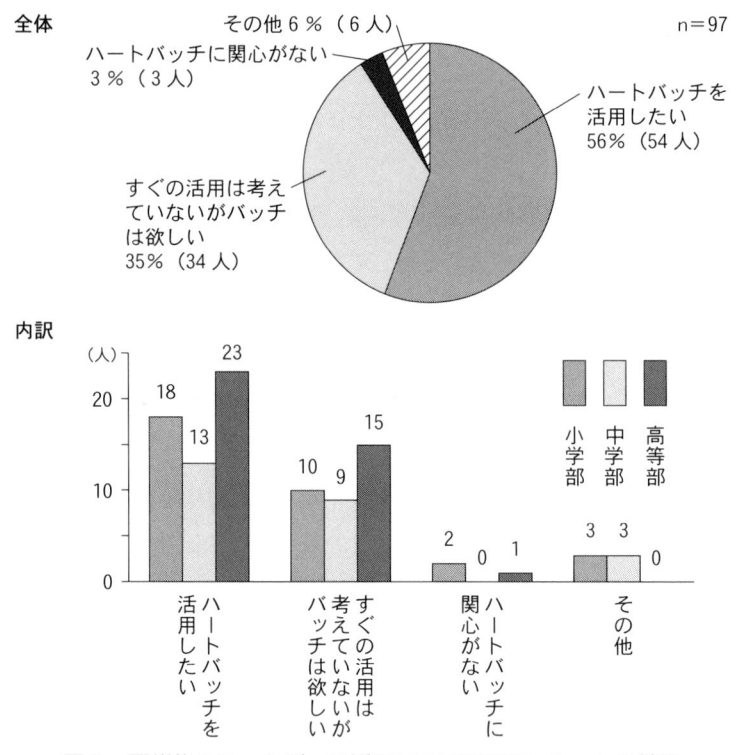

全体　その他 6％（6人）　n＝97
ハートバッチに関心がない 3％（3人）
ハートバッチを活用したい 56％（54人）
すぐの活用は考えていないがバッチは欲しい 35％（34人）

内訳
（人）

	ハートバッチを活用したい	すぐの活用は考えていないがバッチは欲しい	ハートバッチに関心がない	その他
小学部	18	10	2	3
中学部	13	9	0	3
高等部	23	15	1	0

図2　震災後のハートバッチ活用についてのアンケートの結果

「活用したい・欲しい」と回答した。その他の内訳（6人）は車いすを活用する肢体不自由の児童生徒の保護者で、「ハートバッチがなくてもすぐに障害をもつことが分かるから活用するかどうかはどちらでも良い」という意見だった。

さらにアンケートの記述欄から、保護者の多くがこれからは地域に理解していただくことが大事だと考えていることが分かり、父母教師会が中心となって、理解・啓発のための活動を盛んに進めることになった。

まず、ハートバッチを地域の方々に理解していただくために地域のスーパーで紹介のチラシ配布を行ったり（141頁、写真6参照）、ポスターを作成し、市内の学校や病院、公共施設に掲示していただくようお願い

したりした。さらにハートバッチを嫌がる子どもも少なくないことから、石巻支援学校オリジナルでハートバッチのマークをプリントした「バッチグーTシャツ」(写真2)を作成した。これは子どもが着用するだけでなく、保護者(希望者)も学校行事の時に着用する。この運動を石巻支援学校として継続していくことは、保護者や子どもが味わった震災時の孤立感や困難さを繰り返し味わうことがないようにしたい、という教訓をつないでいくための思いの結晶でもある。

そして当時の保護者会会長が、今後の父母教師会活動に必要なこととして以下の5点について取り組むことを明確にした。

① 「意識と勇気をもとう」

保護者と担任が同じ目的に向かって語り合うことと、保護者の父母教師会活動への積極的参加によって、みんなで子どもを守り育てるために手を取り合っていくことを進める。

② 「スクールボランティアの立ち上げ」

子どもと保護者自身の心のケアを目的に、「本の読み聞かせグループ」「手芸グループ」の活動を立ち上げた。

③ 「保護者懇談会／卒業生の親との懇談会の実施」

保護者の縦と横のつながりを強くする。

④ 「地域への理解・啓発」

学校行事の案内や、学校、子どもたちの様子を地域に発信し、子どもの姿を知っていただく。運動会や学校祭は子どもが書いた招待状を地域に配布する。

写真2 「バッチグーTシャツ」を着用した保護者

⑤「学校間の連携」
　他校の父母教師会役員との情報交換を密にするだけでなく、互いの学校に行き来するような積極的な連携体制を整えていく。

　父母教師会役員の牽引によって、父母教師会活動の目的が明確に具体化され、子どもの安全安心を守ることと地域の中でしっかり生きていくベースを整えることが確認され、今日に至っている。3年半が経過し、これからの課題は「3・11を忘れないこと」である。保護者も教職員も毎年入れ替わる。年度始めに3・11から得た教訓と父母教師会活動の目的を確認し、震災直後に涙と汗を流しながら活動した当時の役員の気概をつないでいかねばならない。

7　特別支援学校をどう位置づけるのか

　想定外の状況の中で、石巻支援学校は想定外の避難所となった。しかし、そこで学んだことは数多い。
　命の重みと人の温かさ、最低限3日分の食料と必要となる備品の確保、ニーズに応じた避難場所の設定、学校の特性に応じた独自の危機管理マニュアル、特別支援学校教職員の専門性の高さ、被災地域以外から助けを得られるシステム構築、自助を高めるための教育活動の充実、困ったことを溜め込まず誰かに伝えられるようになるためのコミュニケーション指導の充実と余暇活動の指導の大切さ、地域や関係機関と顔を合わせたフェイスtoフェイスの関係作りと障害理解の啓発、保護者の危機意識の喚起と父母教師会活動の充実、学校がもつ子ども・保護者・教職員・地域に及ぼすセラピー的役割、教師としての使命感。これらのことは亡くなった方々の命と引き換えに学んだことである。これらのことをしっかり形にして、つないでいくことが生かされた者の使命である。
　特別支援学校の位置づけについては、やはり行き場がなかった自閉症

や重度・重複障害等の方々が安心して避難できる福祉避難所であるべきだと考える。しかし災害直後は命を守ることを最優先に、一次避難は地域の学校等に身を寄せるべきである。今回の震災では移動途中に命を落とした方々も多いことを念頭に置きたい。そして二次災害のおそれが格段に低くなる3日後を目安に、障害のある方々は支援学校に、障害のない方々は地域の避難所へ移動するように、行政の方に避難者の住み分けと移動支援をしていただきたい。

　東北大学災害科学研究所では「備えがあれば被害は5分の1にできる」と話している。それぞれの立場で得た東日本大震災の教訓を持ち寄り、どのような備えを整えていくか、システムを具体化し明確にすることと、人が手を携えていくために必要な知識（障害理解を含む）と体験、ネットワーク作りを真剣に考え、取り組んでいかねばならないと考えている。

　　付記：写真は、関係する保護者の了解を得て掲載しています。
　　　　ここに記して、ご助力に感謝申し上げます。

第6章　震災に学ぶ今後の危機管理支援
――特別支援学校の校長の立場から

櫻田　博

震災発生時　宮城県立石巻支援学校校長

　平成23（2011）年3月11日（金）午後2時46分、東日本大震災が発生。震災時、筆者は石巻支援学校の校長という立場にあった。当日は小・中学部の卒業式で、小・中学部は11時半下校、高等部は臨時休業日であった。ほとんどの児童生徒が、震災発生時は家庭にいたと思われる。筆者は、体調不良で卒業式を欠席していた小学部Sさんの自宅で卒業式のお祝いを終え、Sさんの担任と共に学校へ戻る車中で震災に遭った。異常な揺れで、周囲の電信柱や道路がまるで生きているかのように波打っていた。長時間続くいまだかつて経験したことのない揺れ。未曾有の非常事態であることを直感的に感じ取った。揺れが収まり、学校に向かった。

　学校に到着するとそこには青ざめた教職員の顔。玄関前の駐車場に集合していた教職員を直ちに集めて指示をした。

　上述したことは、震災直後の石巻支援学校の状況である。本稿執筆時は、震災からすでに3年以上の月日が経つときである。筆者は石巻支援学校勤務の後、拓桃支援学校に着任し、平成26年春に定年退職した。

　本稿では、震災を振り返りながら、石巻支援学校校長として、震災当日からどのように判断し対応してきたのか、そして震災から何を学び取ったのかを、特別支援教育の視点から整理してみたいと考える。

●石巻支援学校（震災発生時）

設置学部	小学部、中等部、高等部
障害種別	知的障害、自閉症、肢体不自由、病弱
幼児児童生徒数	157人

1　石巻支援学校の対応

　危機管理上、学校として最も大事なことは、子どもの命を守ることである。石巻支援学校（以下、本校）の危機管理マニュアルでは、①学校生活時、②登下校時、③在宅時に分けており、子どもの生活状況別に対応の仕方を考えていた。今回の震災時は、在宅時に当たっているが、どのような場合でも「命を守る」という観点から子どもの安全な避難と安否確認が最重要視される。しかし、下校後でほとんどの子どもが在宅していることが推測され、尋常ではない地震の揺れから判断すると、直ちに安否確認ができる状況ではなかった。

　筆者は本校に到着するやいなや教職員を集めて次のような指示を行った。「災害対策本部の教職員（校長、教頭、事務長、学部主事、養護教諭等）は、対策本部の仕事（情報収集や安否確認等、今後の対策の検討）を行うため残ること。それ以外の教職員は、家族等の安否確認のため、十分注意して帰ること」

　この指示が、校長としての第一声である。校長としての状況判断の背景には、第一に教職員の不安感情をコントロールし、自分の取るべき行動指針を持たせる必要性があったこと、第二に非常時の職務内容を明確に示された教職員（災害対策本部）を中心に今後の震災対応を検討することが、効率的かつ合理的であると考えたからである。この危機的状況下での判断が、その後のすべてを運命づけると言っても過言ではない。限られた教職員ではあったが、校長指示の下、集団パニックにならずに確実な避難所運営を震災当日から行った状況等から、その判断は適切であったと今にして思うのである。

(1) 安否確認および被災状況等

　震災当日は、災害対策本部や帰宅できなかった教職員を中心に校長以

下20人が宿泊し、避難所対応に当たった。教職員の職務については、現実のやるべき事柄から判断し、校長指示で安否確認班と避難所対応班と大きく2班に分けた。各班のリーダーは校長が指示し、各班の実際的役割分担は、リーダーが明確に役割分担を決めてそれぞれ行動した。大きな道筋を示せば、具体的組織編成と行動化に関しては主体的に取り組むことができる集団が教職員であると再認識した。

○安否確認

　震災当日は、夕方より次々と本校へ押し寄せる避難者への対応が中心となり、児童生徒の安否確認は翌日からの対応となった。本校は、石巻市、東松島市、女川町が学区であり、7コース7台のバスを利用して通学しており、学区が広範囲にわたる。また、地震と津波により電話や緊急Eメールも全く使用できなかった。さらに、市街地から津波による水がなかなか引かなかった。

　安否確認時の留意点は2点あった。
　①安否確認は2人以上で行い、余震の際は自分の命を最優先し、2次災害を防ぐこと。
　②安否確認できないときは可能な限り周囲から情報を得ること。
　この2点を教職員に指示し、対応できる教職員が泥水につかりながら子ども一人ひとりの自宅や避難所等を訪問しての確認となり、安否確認は困難を極めた。

　自宅にたどり着いても不在の時もあり、貼り紙をしたり近所の方に情報をもらいながら避難所や親戚宅など考えつく場所をすべて回った。日を追うごとに確認できた数は増えていったが行方不明者が数人あり、最終的な安否確認ができたのは震災から10日以上が経ってからだった。本校では、4人の子ども（小学部1人、高等部3人）が津波の犠牲になった。また、全校児童生徒157人の内、51人（約3割）の家屋が津波により全壊・半壊状態となった。教職員については、102人全員が無事だったが、

表1　児童生徒の生活状況（2011年4月4日現在）

(人)

生 活 状 況	小学部	中学部	高等部	計
自宅で生活	34	21	49	104（66％）
親戚宅で生活	11	2	8	21（13％）
避難所で生活	6	3	8	17（11％）
他市町へ転居（転出）	2	1	0	3（2％）
学区内で転居	2	2	4	8（5％）
死亡	1	0	3	4（3％）
総　　計	56	29	72	157

注：転出は、2011年4月末日現在。

　21人（約2割）の家屋が全壊・半壊状態にあり、家族や親戚を亡くした教職員もいた。教職員は、精神的ショックや疲労を抱えながら、子どもたちの安否確認や避難所対応等に追われた。

　震災約1カ月後（4月4日現在）の子どもたちの生活状況は、表1のとおりである。

　表から分かるように、約3割の子どもが親戚や避難所で生活したり、他市町や学区内での転居を余儀なくされた。この割合は、家屋が全壊・半壊状態となった子どもの割合とほぼ一致しており、家屋に住めなくなった子どもたちの生活状況が一変したと言える。

(2) 避難所対応

　震災当日は夕方から雪が降ってきてとても寒い日だった。いまだかつて経験したことのない大地震の状況から、地域住民がきっと本校に避難して来るであろうという予想をしていた。「学校は地域と共にあり、地域に育てられ、地域の中で成長し、やがて地域に貢献していくもの」という教育信条を掲げていた私は、今こそ地域に貢献するときなのだという気持ちを強くした。

　写真1は震災後の石巻市内であるが、震災当日玄関先でストーブを焚き、私も含めて教職員数人が避難者を待っていた。だんだん薄暗くなり

写真1　震災後の石巻市内

雪がちらつくなか、ストーブの明かりを頼りに地域の方や帰宅困難者、本校の子どもたちの家族も集まり、全部で40数人が来校し、急に忙しくなった。体育館にストーブを焚き、マットを敷き、布団や毛布類などすべてを集めてくるように指示をした。避難所としての経験もないことから避難所運営のマニュアルはなかった。現実の緊急課題について、冷静に判断し一つひとつ課題解決していくことが最も重要であると考えた。避難所は生活の場である。重要なポイントは、食事・トイレ・睡眠という最低限の生活環境を整備することであると体験をとおして痛感した次第である。

〈避難所でのエピソード〉

　　自閉症の子は、自分なりの生活パターンを持っているため、体育館やプレイルームなど、大きな集団の場での生活に適応できない状態があった。震災後6日目の夜、T君は、夜中に大声で騒いだ。それは、プレイルームで家族以外の多くの人々と生活を共にしており、刺激が強い集団の中にいる心理的ストレスが爆発したものだった。その夜は、プレイルームではなく小学部棟で過ごしてもらった。次の日、T君の心理的状況を本校教職員がプレイルームのほかの人々に理解してもらえるように話をし、心理的ストレスを軽減するため、ほかの自閉症の子の家族と共に別室に移ってもらった。

　　また、同じく自閉症のS君のように、自宅が津波で流され、7日間ほど山中の車で家族と生活してから、本校にたどり着いた例もあった。

結局本校は、震災当日から５月８日までの59日間、避難所運営を行った。本校に在籍している子どものうち13人（小学部５人、中学部４人、高等部４人）および卒業生２人とその家族を含み、介護が必要な高齢者21人や地域住民等、最大で81人が避難していた。

　在籍している子どもを障害別にみると、単一の知的障害は１人のみで、そのほかは、自閉症５人、肢体不自由を伴う重複障害７人（うち医療的ケア必要児２人）であった。介護が必要な高齢者は、近隣の病院からの依頼（３月14日）に基づいて受け入れたものである。当時病院は、けが人や避難者であふれかえっており、障害のある子どもの教育に携わっている支援学校であれば、介護が必要な高齢者のケアもできるのではないかという期待があっての依頼であった。

　避難所運営について工夫したことは、以下のとおりである。
①　可能な限りプライバシーの保護や安全・安心な生活環境を保障するため、４日目から支援のニーズ別（全介助の高齢者、自閉症等）に部屋割りを行った。
②　ボランティアの有効活用を考えた。そのために、教育庁特別支援教育室と連絡を細やかにとりながら、疲労が蓄積した教職員の負担軽減を図るため人的・物的支援を要請した。

　特別支援教育室では、バスを所有している学校（北部が金成支援学校、南部が船岡支援学校）を中心として、近隣の学校の教職員を乗せて本校に教職員を派遣するシステムを直ちに構築してくれた。北部（金成・古川支援学校、小牛田高等学園）と南部（船岡・名取支援学校）２チームのボランティアチームが編成され、３月18～30日まで１回10人前後の教職員が必要な物資を運びながら、２泊３日で第７団まで切れ目なく本校に来て活動を行った。また、４月からは宮城教育大学の菅井・中井教授の計らいで特別支援教育専攻の学生ボランティアを４月

末日まで同様の方法で派遣してもらった。

　ボランティアは、教職員の指示の下、食事や清掃等の避難所運営のほかに、子どもの心理的ケアとしての遊びの活動の実施やきょうだい等の勉強の面倒も見た。さらに、避難所運営の健康管理を徹底させるため養護教諭の派遣を要請したところ、高校の養護教諭２人を２泊３日で３月22～28日までの期間、第３団まで派遣してくれた。体調を壊す避難者が増加している時期でもあり、養護教諭はうがい、手洗いの励行や清掃の徹底等を呼びかけるなど環境衛生や健康管理の面で重要な役割を果たした。

③　組織的な避難所運営を行った。校長を中心とした対策本部の下に避難所運営組織として、受付・調理・清掃・介助・救護の各班を編成し、班の具体的な仕事内容は一覧にするなどメンバーが交代しても円滑な活動ができるようにした。

④　避難住民の中でも自治組織を立ち上げ、自治組織の活動を中心として避難所運営ができるよう移行した。それに伴い、教職員の避難所運営には、県教育委員会が創設した「緊急学校支援員」を中心としながら、４月から他校へ転勤予定だったが４月20日まで本校勤務となった兼務発令教職員数名が加わった。緊急学校支援員は、教職員ＯＢの２名を採用し４月から２カ月間の活動となったが、子どもや学校内の施設・設備等も熟知している方々なので安心して避難所運営を任せることができた。また、自治組織のリーダー（本校保護者）と石巻市保護課、学校代表が随時話し合いを持ち、避難所運営の課題解決や、学校再開に向けた二次避難所への移転等の問題について協議を重ねた。その結果、５月８日に二次避難所への移転も円滑に行われた。また、４月中旬からは、本校の教職員は学校再開に向けた家庭訪問や心理的ケア等の取組みに専念した。

(3) 学校再開に向けての取組み

　学校の始業式・入学式は5月12日であった。学校再開に当たり、必要な条件を3点と押さえた。
① 子どもの多くが避難所や親戚宅等で生活し、生活状況の変化と共に生活根拠地が変わることと併せ、写真2のとおり、がれきの撤去が進まずバス路線上に危険箇所があることに鑑み、バス路線の再構築と安全確認が必要であること。
② 給食納入業者の多くが津波で流され、給食再開のためには納入業者と改めて契約を行う必要があること。
③ 医療的ケアを行う看護師のほとんどが避難所生活をしており、看護師の確保が重要であること。

　この3条件を満たし、行事等の変更で何とか標準授業時数を確保できる日を学校再開日（5月12日）と目標設定した。目標が定まれば大事なことは、子どもの生活状況や心理的変化の把握である。そのために、家庭訪問をふたつの期に分けて行った。第一期（4月12〜15日）は、家庭環境の把握と心理的ケアを中心として、第二期は（4月27日〜5月6日）は、学校再開に向けた動機づけと心理的ケアを目的として行った。家庭訪問の結果、主に次のような特徴的な行動がみられた。

・余震に敏感になり、その度に起きたり怖がって泣く。
・突然泣き出したり、頭を叩く自傷行為や、他傷行為が増えた。
・失禁や夜尿が多くなった。
・食べたものを吐くことが多くなり、急激にやせた。

　家庭訪問後は、各学部主事か

写真2　がれきに挟まれたバス経路（鳴瀬コース）

らの報告を行い、家庭環境や心理的状況の把握と具体的対応策を検討し個別的に対応した。また、子どもたちの心理的ケアとしてボランティアを活用し、希望する子どもを学校に集めて、作業療法士によるリラクゼーション講座（9人参加）や兵庫県の臨床心理士チーム（ひょうごHEART）による「子どもの広場」（お絵かき、スポーツ、お菓子づくり等。48人参加）を開催した（写真3）。長い避難所生活で子どもも保護者もストレスが溜まっていたが、こうした企画は、子どもが本来持っている活動意欲を喚起し、学校再開に向けた動機づけや期待感を持たせる上で有効であった。

(4) 学校再開後の取組み

　学校は、5月12日に始業式と入学式を行った。学校が始まると、子どもたちはみるみる明るさと元気を取り戻した。ストレスから生じる不適応行動が減少し、ほとんどの子どもが本来の姿に近づいていった。学校再開に時間がかかっただけに、日常の教育活動がいかに子どもの心理的安定につながっているのかを再認識する契機にもなった。

　また、ボランティアを活用し音楽的活動を取り入れた行事も意図的に設定した。例えば、自衛隊による演奏会（写真4）やジャズピアニストによる音楽会（写真5）の開催である。子どもたちは歌ったりダンスをしたり、どちらも本当に楽しい活動になった。音楽は、人の気持ちに癒しや活力を与えるセラピー的効果があると実感した。また父母教師会では、古川支援学校から「ハート

写真3　兵庫県の臨床心理士チームのみなさんによる心のケアのボランティア「子どもの広場」

写真4 「音楽の贈り物」
　　　自衛隊音楽隊訪問演奏会

写真5 ジャズピアニスト河野康弘さんによる「ワッハッハコンサート」

バッチ」の寄贈を受けた。ハートバッチは社会の障害児理解を促進するねらいがあり、新たな保護者の障害児の理解・啓発運動も始まった(ハートバッチについては後述する)。

2　石巻支援学校の課題

(1) 防災教育上の課題

1) 子どもの命を守る防災教育の徹底

　石巻支援学校の危機管理マニュアルでは、津波を想定した子どもへの防災訓練や保護者・地域と連携した防災訓練は実施されていなかった。地震による津波を想定し、保護者と連携した防災訓練や防災教育の研修等が不十分であったことが課題である。

　また、今回の震災により学校生活以外の場面でも、「自分の命は自分で守る力」を障害のある子どもたちに身につけさせることが課題として浮き彫りになった。そのための教育課程の在り方や指導内容・方法等の工夫について、究明する必要がある。

2) 障害のある子どもの理解・啓発

　障害のある子どもの防災教育の充実を考えたときに、障害のある子どもの地域への理解・啓発運動を普段からさらに計画的・組織的に行っておく必要があった。その理由として、自閉症など見ただけではすぐに障害が理解しにくい「見えない障害」の場合、地域の小・中学校等の避難所で、障害の分かりにくさから避難所生活に支障を来す事例もみられたからである。「開かれた学校」を標榜し、運動会や学校祭、校外におけるバザーや作品展、学校見学会、自主公開研究会等の各種行事の中で、地域を意識した案内や理解・啓発活動を展開してきたものの、さらなる創意工夫が必要と思われる。

(2) 防災管理等の課題

1) 安否確認方法の吟味

　今回の震災前に、父母教師会の理解の下、緊急Eメールシステムに加入していたが、サーバー自体が壊滅的な被害を受け、全く機能しなかった。また、深刻なガソリン不足等から出勤できる教職員が限られていた。そこで、安否確認は、出勤できる教職員が自宅や避難所等を一軒ずつ廻りながら確認するという方法になった。また行方不明者もいたことにより、児童生徒・教職員の最終確認ができたのは、3月22日であった。実に震災から10日以上が経っていた。

　電話や緊急Eメールが使用できない場合の安否確認の方法を事前に確立しておく必要がある。また、大災害時には、全教職員が集合できないことが明らかになった。出勤できる教職員数や構成から、組織を再構築する臨機応変な対応が常に求められた。

2) 子どもの生活・心理的状況の把握とケア

　大震災によりライフライン・道路の復旧や生活の立て直し、教職員の状況等から、学校の再開が5月12日と遅れた。学校再開の条件は前述の

ように、①バス路線の再構築、②給食の提供、③医療的ケアを実施する看護師の確保と押さえた。学校再開までに、子どもの家庭状況や心理的状況を把握してケアを行うなど、状況に応じたシステムの再構築が必要であった。

(3) 災害用備蓄品の整備

本校は震災当日から５月８日まで避難所として運営していたが、避難所の指定にはなっていなかったので、食料等の災害用備蓄品は整備されていなかった。市役所で正式な避難所としての申請をしてから５日後に、初めて自衛隊より食料・水等が供給された。それ以前は、教職員の自助努力による菓子・食料の提供であった。また、地域住民が学校にお世話になったお礼にと、米や野菜を届けてくれた。さらに近隣の福祉施設や工務店から、おにぎり等の提供があり、何とか避難所の住民に食料を提供できたのである。食料・水や災害用備蓄品等の整備が課題となった。

(4) 避難所運営マニュアルの整備

本校には、避難所運営マニュアルはなかった。避難所運営に当たっては、現実的課題を一つひとつクリアすることで、避難所運営の仕方が見えてきたというのが実情である。避難所運営マニュアルの整備が課題であった。

避難所は生活の場である。生活の場として最低限保障しなければならないことは、次の３点である。

①食事、②トイレ、③睡眠。

これらを保障するための施設・設備の充実や配慮の工夫が必要であった。

また、避難所運営を学校主導型で一貫して行ったが、避難者自身にも生活改善を行おうとする意識改革や行動が芽生えたので、避難者の自主的活動にも配慮する必要があった。

さらに、水や電気などのライフラインが不通のなか、避難所では風邪や胃腸炎などの感染症が一時流行した。避難者の健康管理・環境衛生には特に配慮する必要があった。

3　今後の危機管理の視点

(1) 校長のリーダーシップ

　校長は、学校の子どもと教職員の命を守る最高責任者である。今改めて震災当時を振り返ると、校長は状況判断と意思決定の連続であったと思う。震災直後の教職員への指示、避難所開設の決定、食料調達の指示、安否確認および避難所運営にかかわる指示、県教育委員会・大学へのボランティア要請、学校再開日の決定、学校再開後の危機管理マニュアルの見直しや教育の復興にかかわる諸計画の策定・実施等、情報の収集と判断・指示の連続であった。震災直後の教職員への指示は、即決である。校長は、状況により即決することもあるが、情報収集し組織的に検討した上で判断することも必要である。いずれにしても、大きな方向性を決める上で、校長判断の責任は重い。

　筆者の場合、判断の拠り所は「子どもの幸せにとって何が今大事なのか」ということであった。「すべては子どものために」という教育信条がその時々の判断の拠り所になっていたと思う。「子どもを中心に据える考え方」は担任時代からであり、管理職になってからもその姿勢は変わらなかった。「子ども中心という拠り所」があったので、いかなるときも判断はぶれなかったと思う。

　そして、危機管理については、校長は鋭敏な感性を持つ必要がある。感性は、意識と使命感によって磨かれる。筆者の場合、危機管理意識が芽生えたのは、教頭時代である。光明養護学校の教頭時代に危機管理マニュアルを作成した。それを契機に危機管理の感性が磨かれていったと

思う。そのマニュアルでは、電話や緊急Ｅメールが使用できない場合を想定し、教職員の居住区別に安否確認するシステムにしていた。今回の震災では、そのシステムが大変役立ったと後に聞いた。また、教頭時代は、天候（雨、雪、寒さ等）を考慮しながら、大地震や火災が発生した時に、どのように誘導すべきか状況に応じたイメージトレーニングをしていた。今回の震災対応でもそのイメージトレーニングが生きた。

　実際、東日本大震災が発生した２日前の３月９日（水）午前11時45分頃に震度５の地震があり、「３月11日の卒業式にも大きな地震があるかもしれない。いざというときの対応を考えておくように」と教職員に指示していた。年度当初に通知した「緊急時の対応について」という保護者宛の通知文を再通知する準備をしていたところであった。３月11日（金）卒業式の打ち合わせにおいても、地震発生時の対応について教職員に指示していた。

　危機管理は、事前の準備が大事である。最悪を想定し、組織的に最善の準備をする校長のリーダーシップが、非常時に子どもと教職員の命を守る確かな行動へとつながると考える。そのために、非常時に生きる校長等、管理職の危機管理能力を高める計画的・継続的な研修システムの構築が必要である。

(2) 子どもの命を守る防災教育の充実

　震災の次年度、石巻支援学校では、全校規模では地震による災害想定で２回、火事による災害想定で１回、教職員による不審者対応訓練が１回、学部ごとの不審者対応訓練を１回行った。日常の避難訓練後は、必ず評価活動を行い、教職員や子どもの避難方法や確認等の修正を行った。

　また、震災以前から、校外での宿泊学習を行う場合は、修学旅行先のホテルに到着後、必ずどの学部も避難経路の確認と避難訓練を行ってから休憩・食事・風呂とプログラムを組んでいた。

　今後は、障害がある子どもたちの命を守るためには、避難に伴う種々

の困難が予想されるからこそ、日常の教育活動の中で、防災教育にかかわる体験的学習を意識的に取り入れていく視点が重要であると思われる。すなわち、防災教育を教育課程にどのように位置づけていくかという問題である。障害の程度や発達段階に応じて、系統的・発展的に防災教育にかかわる知識や態度が身につくよう教科・領域ごとの関連性が分かり実効性のある防災教育計画を各校の実態に応じて作成し、指導実践を着実に積み上げることが肝要である。

　障害のある子どもが、いつでもどこでも緊急時に主体的に判断し行動するためには、防災教育にかかわる体験的なカリキュラムの実施と継続的な評価活動による教育実践が必須である。その際、教職員の防災教育にかかわる知識・技術等の向上がそれを支える鍵となる。教職員の防災教育力の向上と保護者・地域と連携した防災訓練や防災教育の充実の在り方を今後検討していく必要がある。

(3) 「SOSファイル」を含む個別の教育支援計画の作成・活用

　本校では、震災後、障害がある子どもの特性に沿ったサポートの在り方が一目で分かる「SOSファイル」を含む個別の教育支援計画を学校・保護者の協働体制の下に作成した。

　震災時に、障害のある子どもが避難所でパニックを起こしたり、不適応状態になることが少なからずみられた反省から、非常時に力を発揮するツールとしてSOSファイルを作成したのである。障害がある子どもの特性やサポートの仕方について、地域やボランティアの方がファイルを見て理解できれば、不要な混乱はなくなり、より効果的な支援を受けることが可能になると思われる。

　学校と保護者が知恵を絞って、効果的なSOSファイルの作成・活用を推進したい。

(4) 障害のある子どもの理解・啓発、地域連携型の学校づくり

　本校では、自閉症等のいわゆる「見えない障害」のため、集団での避難所生活で理解を得るのが難しい事例があったことから、父母教師会を中心に障害児の理解・啓発運動として「ハートバッチ」運動が展開されるようになった（写真6）。

　ハート型のバッジには「障がいがあります」と記載されている。つまり、このバッジを着けていれば障害があることが分かり、サポートを受けやすい状況を作ることができる。ハートバッチを着けるかどうかは、障害がある人や家族の自由意志である。ハートバッチは、古川支援学校ＰＴＡから寄贈されたものである。本校では、ハートバッチの精神を受け継ぎ、保護者はＴシャツも作って学校祭や運動会などで販売するようになった。Ｔシャツには「障がいがあります」という文字を省きハートバッチだけのデザインにした。それは、「障がい」という文字がなくても、このマークがより多くの人に認知され、「障害の有無にかかわらず誰もが人として等しく尊重される共生社会の実現」を願ってのことであった。古川支援学校から継承された障害児理解のハートバッチ運動は、震災で支援をいただいた山形県立鶴岡養護学校にも伝承された。震災による親同士の絆が、新たな障害児理解の啓発運動として広がりを見せ始めた。

　こうした運動を契機に、本校では、学校支援ボランティアの

写真6　父母教師会の障害児理解・啓発の取組み

運動も自主的に始まり、絵本の読み聞かせ、調理等のサークルも編成された。また、父母教師会会長を中心とした呼びかけで全国から絵本の寄贈を受け、絵本図書室が完成した。手作りの絵本図書室では、昼休みや下校前など、子どもたちが自由に絵本を読んだり、保護者が子どもに絵本を読み聞かせたり、談笑したりする光景も見られるようになった。子どもと親の憩いの場、それが絵本図書室である。「開かれた学校」として避難所を開設したが、さらに保護者・地域と一体となった「地域連携型の学校づくり」への道を歩み始めたと言えるであろう。学校・保護者・地域と一体となった障害児理解の運動は、共生社会実現への地道な努力であり、非常時にその運動の成果が確実に現れると思うのである。

　そうした意味で、特別支援学校と小・中・高等学校との学校間交流や交流および共同学習は、障害児の理解・啓発運動の根幹をなすものであり、今後の拡充・発展が望まれるところである。

(5) 危機管理マニュアルの見直し

　震災では津波による被害が甚大であり、今までの地震による危機管理マニュアルが通用しなかった。また、携帯電話や緊急Eメールシステム、災害ダイヤルも機能せず、児童生徒、教職員の安否確認に10日以上要した。そこで、通信機器が全く機能しない場合には教職員が居住地近辺の児童生徒の安否確認を行うシステムを確立した。担当教職員が夏休み中に担当児童生徒の居住地を確認し、保護者にも、通信機器が機能しない場合に対応した危機管理マニュアルを配布した。

　以上のように、津波の想定等今まで不備であった部分を見直し、非常時に生きる危機管理マニュアルを改めて作り替えた。

○危機管理マニュアルの見直しのポイント
　主な見直しポイントは、以下のとおりである。
　①津波を想定した通学バス走行中の時間ごとの避難場所の設定

②緊急Ｅメールが使用できない場合の安否確認方法の確立（教職員の居住地区に基づく地区割り担当の設置）
③非常災害時の児童生徒連絡先一覧（第３位まで）と地域の避難場所の掲載
④非常災害時の学校への連絡先一覧（第１～４位まで）
⑤非常災害時の安否確認チェック表（人的被害・物的被害）
⑥保護者への緊急時の対応プリント
⑦津波想定スクールバス会社対応マニュアル
⑧非常災害時の医療的ケア児童生徒用持ち出し物品の整備（写真７）
（３台の発電機を用意して吸引器を使用できるようにした。また、ガソリンがなくなった場合を想定し、足踏みや手動での吸引器を準備した）

　危機管理マニュアルは、地域や学校（児童生徒、教職員）の実情により、どのように見直すかが違ってくる。大事なことは、危機管理マニュアルは非常時に役立つものとし、実際的訓練や実態の変化に応じて、毎年見直し進化させるものであるという認識が必要である。マニュアルは、原

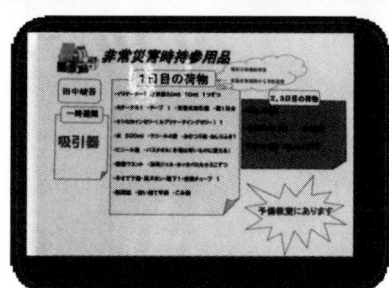

写真７　看護師室の戸棚に保管されている医療的ケアのための非常持ち出し物品

理・原則である。原理・原則は、シンプルでなければ機能しない。一目で見やすく、分かりやすいものに進化させたい。

今後は、非常時から正常な教育活動へ戻すための事業継続計画（BCP：Business Continuity Planning）や心理的ケアのための計画等も危機管理マニュアルの一部として整備したい。

なお、BCPについては、全国特別支援学校知的障害教育校ＰＴＡ連合会発行の「知的障害特別支援学校における事業継続計画（BCP）策定のためのガイドライン」（ホームページ上で公開）が参考になるので、参照されたい。

(6) 避難所運営

今後震災等の非常時を考えたとき、交通機関の途絶など様々な条件により、児童生徒を学校に留めて一時避難として活用する場合も考えられる。各学校は、一時的な避難所としての最低限の備蓄品等を準備しておく必要がある。

そこで、本校では、避難所運営を震災当日の3月11日から5月8日まで行った経験から、以下のように重要なポイントを整理したので、その参考にしてほしい。

1) 生活の場としての食料・水、トイレ、睡眠の確保

食料・水の確保に苦労した経験から、災害用備蓄品として児童生徒、教職員、地域住民の3日分の食料等を、義援金の活用やＰＴＡの協力で整備した。避難所指定の有無とは関係なく、非常災害時の最低限の食料・水は、必要である。公的に準備できる災害用物品は各県や地域の事情により異なるであろうが、本校のように、ＰＴＡの協力を得て整備するのもひとつの方法である。また、学校の事情によっては、子どもの実態（障害の状態等）や教職員の状況に応じて直接個人に準備させる方法もあろうかと思う。

ライフライン（水道や電気）が復活しない場合、トイレをどうするかが問題になる。本校の場合、トイレは室内用プールの水を汲んで使用した。室内プールの水は、災害用貯蓄水として重要である。

睡眠も生活上の重要なポイントである。学校には全介助の高齢者、自閉症の子どもや医療的ケアが必要な子どもが避難しており、支援のニーズ別に部屋割りを工夫して対応したことが功を奏した。

2）組織的な避難所運営

避難所を運営する場合、物的環境（部屋の数、広さや設備等）と人的環境（高齢者、障害者、人数等）を勘案して、最適な生活環境をいかに提供するかが重要なポイントになる。その際、学校として避難所開設の諸計画を策定しておけば、非常時の円滑な避難所運営が可能となる。

本校の場合、校長を中心とした対策本部の下に避難所運営組織として、受付、調理、清掃、介助、救護の各班を編成し、班の具体的な仕事内容は一覧にするなど、メンバーが交替しても円滑な活動ができるようにした。

3）避難住民の主体的活動の活用

本校の場合、一貫して学校が主体となって避難所運営を行ってはいたが、避難住民の中にも主体的な活動により生活改善を図ろうとする意識が芽生えてきた。そこで、避難住民の自治組織を立ち上げ、その活動を中心として避難所運営ができるように徐々に移行した。

また、自治組織のリーダー（本校保護者）と石巻市保護課、学校代表が随時話し合いを持ち、避難所運営の課題解決や学校再開に向けた二次避難所への移転等の問題について協議を重ねた。その結果、5月8日に二次避難所への移転も円滑に行われた。避難所運営は当初は学校が主体となりながら、状況に応じて自治組織へシフトしていけるようなサポートをすることが重要だと思われる。

4）ボランティアの有効活用

　避難所運営は、今回の震災のように状況（津波の水が引かない、ガソリン不足、街が壊滅的被害等）によっては、全教職員が運営にかかわれないこともある。そこで、ボランティアの有効活用が必要不可欠と考える。

　本校では、限られた教職員による安否確認や避難所運営を余儀なくされ、教職員が疲労困憊状態であったので、ボランティアの活用を考えたのである。教育庁特別支援教育室のリーダーシップで特別支援学校教員や養護教諭を派遣してもらったり、宮城教育大学の菅井・中井教授の計らいで特別支援教育専攻の学生ボランティアを派遣してもらったのである。ボランティアの活用も視野に入れた避難所運営計画を作成することが重要である。

(7) 関係諸機関・地域との連携、ビジョンに基づいたネットワーク構築

　大災害時は、学校独自の力だけでは困難を乗り切ることはできない。本校は、県教委をはじめとして、特別支援学校、大学、地域や多くのボランティアの献身的な支援によって非常時に対処することができた。災害時のみならず障害のある子どもの地域生活を見据え、各学校が関係諸機関との連携を点から線へ（継続性）そして面へ（広域性）と拡充・発展させたいものである。

　そのためには、「開かれた学校」としてのビジョンがなければならない。とりわけ特別支援学校は地域のセンター的機能を果たすべく使命を担っているからこそ、明確なビジョンに基づく計画的で組織的なネットワーク構築を推進していく必要がある。学校のみのマンパワーで教育を完結するのではない。地域の教育力を掘り起こせば、必ずその道の専門家が地域には存在する。地域と密着した地域人材を活用した教育の推進は、教育の充実につながるだけでなく、障害児理解の一助ともなる。

　特別支援教育の目指す「共生社会」形成の基礎づくりとは、こうした

地道な努力の継続があって初めて成り立つのではないだろうか？　学校を理解し支援してくれる地域の人々の存在が、大災害時に学校を救ってくれる力になると確信する。地域人材マップの作成や災害時の学校支援ボランティア登録制度を推進しながら、災害時の支援システムを構築しておくことが、今後大事な取組みになると考える。

(8) 最後の砦・特別支援学校の役割

　災害時に障害児が地域の小・中学校や公民館等で避難所生活を送ることができれば、理想的な成熟した地域社会であろうと思う。しかし、どうしても地域での避難所生活が立ちゆかなくなったときに、救いの手を差し伸べるのが特別支援学校の役割であろうと思う。今回の避難所運営を行ったときにみた、介護が必要な老人への教職員の根気強い献身的なかかわり方に強く心を動かされた。特別な配慮を要する子どもたちの指導にかかわって体験的に身に付けたものと推察するが、どんな状況下でも、誰と接していても、人と接する上で大事な姿勢である「愛のあるかかわり方」の大切さを学んだ思いである。

　震災の経験を通し、「特別支援学校の教職員は、障害児・者のかかわり方のプロである」と確信することができた。

　今後、特別支援学校が障害児の避難所として機能するためには、ハード・ソフト両面の充実とそのための法的整備が必要であると考える。

＊　　＊

　東日本大震災は、終わっていない。震災で失ったものの大きさに思いを馳せながら、学校は、災害弱者と言われる障害のある子どもたちが命を落とすことのないように最善の努力をしなければならない。危機管理は、命を守る戦略である。学校は、子どもの命を守り育てる使命があるからこそ、危機管理能力を高めなければならない。

　そして、危機管理能力は、イマジネーション力である。イマジネー

ションを働かせた実際的訓練により、不安感情を具体的・組織的行動力に変えていくことが重要である。

　震災からの学びを風化させることなく、「いかに危機管理能力を高めるか？」が、今学校に問われている最重要課題である。

参考資料
・鍵屋一「知的障害特別支援学校における事業継続計画（BCP）策定のためのガイドライン」全国特別支援学校知的障害教育校ＰＴＡ連合会、2011年10月24日
　http://www.zenchipren.jp/activty/bcp2011.pdf

第7章 特別支援教育は避難生活の「公平性」とどう向き合ったか

第1節　佐藤　登
震災発生時　福島県企画調整部文化スポーツ局
第2節　佐藤　智
震災発生時　福島県立郡山養護学校教諭

第1節　福島県災害対策本部の業務経験から

　筆者は、特別支援学校の教員であるが、東日本大震災発生時は福島県企画調整部文化スポーツ局文化振興課に勤務しており、福島市にある県庁西庁舎（12階建ての庁舎）の11階の執務室で通常業務を行っていた。11階の揺れは非常に大きく、室内にあった高さ1.8メートルのロッカーはすべて倒れ、使用していた机の脚は折れ曲がった。本震の揺れの後も次々と余震があったが、少し落ち着いたときに倒れたロッカーや机をいくつも乗り越え、必死に避難した。

　すぐに災害対策本部が県庁西側にある福島県自治会館に設置された。各部各班担当職員は各部局ごとに割り振られ、私が所属していた文化スポーツ局は避難所支援業務と住民避難・安全班、原子力班の業務を担当することになった。5月連休前までは、6勤1休のペースでの勤務となり、筆者は、3月16日から18日までの3日間を相馬市内の小学校で避難所支援業務を行った。その後、災害対策本部業務では住民避難安全班と原子力班に所属し業務を行うとともに、文化振興課内では3月末に実施予定であった合唱の全国大会を中止したことへの対応業務を行った。

　震災前に4月1日付で福島県立平養護学校へ異動の内示は出ていたが、人事異動は凍結され、4月下旬には担当していたすべての事業の予算が

復活したこともあり、5月からは2カ月以上遅れた業務を取り戻すため、通常業務に専念となった。その後、凍結された人事異動は8月1日付で行われ、福島県立平養護学校へ教頭として異動して2年8カ月勤務した後、平成26年4月1日に福島県立会津養護学校へ異動し、現在に至る。

　本稿では、まず震災時に行政職として災害対策本部業務で行った住民避難業務と、福島県立平養護学校勤務の際に、平成25年10月に福島県特別支援教育振興会いわき支部主催で実施したフォーラムで明らかになった障害者の災害発生時の問題点や課題を取り上げる。次いで、福島県立平養護学校と福島県立会津養護学校で教頭として児童生徒が安心安全に学校生活を送るために努めていることや、地域の中の学校としての特別支援学校の役割について述べながら、災害発生時の公平性について考えていきたい。

1　県災害対策本部業務からみえた現状と課題

　福島県災害対策本部組織は図1のとおりである。筆者が所属した各部各班の中の住民避難・安全班の業務は多岐にわたったが、担当した業務は、大きく3つに分けることができる。ひとつ目は、情報収集班に各市町村災害対策本部等から依頼のあった避難支援要請へ対応するためのバス・タクシー等の配車業務、ふたつ目は避難された県民からの問合せや

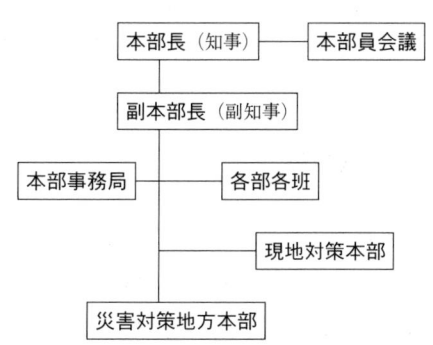

図1　福島県災害対策本部組織図

苦情等への対応業務、三つ目は多方面からの避難に関する情報提供や問合せへの対応業務であった。

(1) 一次避難

　住民避難は、避難指示区域内住民の避難を最優先に対応することとした。後出の、「障害のある児童生徒の避難の現状と課題」の項で個人の避難状況は詳しく述べるが、県災害対策本部で対応した避難は、主に高齢者施設入所者の施設から他の施設への避難や地区の集団避難であり、個人の避難を個別に対応するということはほとんどなかった。つまり、障害者とその家族の個別的な避難については、県災害対策本部では把握できていなかった。

　住民避難・安全班へバスやジャンボタクシー等の配車依頼の情報が届く際には、避難先もほとんどの場合は決定しており、担当者は、どこからどこへ何名がいつ避難するのかを確認し、避難の途中どの施設で放射線スクリーニング検査を受けてもらうかを調整し（避難指示区域から避難する際には、避難者は全員、避難先に到着する前に放射線スクリーニング検査を必ず受けることとしたため）、バス会社やタクシー会社を選定し、依頼するということを繰り返した。

　一次避難所となったところは、学校や市町村の体育館、公民館等が多かった。3月はまだ寒さも厳しく、相馬市内の小学校へ避難所支援業務に行ったが、体育館内は夜には氷点下となり、凍える寒さであった。このような場所での長期の避難はとても厳しいと感じられ、業務終了後の報告書にもそのことは記載した。

(2) 二次避難

　避難生活が長期化することが明らかになり、避難者の生活環境の改善が急務となり、さらに避難所として使用している学校を4月から順次再開できる状況を整えるために、二次避難所として避難者を受け入れてい

ただけるホテルや旅館を調査する業務を３月下旬から開始し、場所や受け入れ可能人数等を集計し、二次避難の業務に当たった。一時避難では同じ地区の住民でも別々の避難所へ避難ということもあったことから、二次避難は同じ地区の住民ができるだけ同じホテルや旅館に避難できるように調整を行った。そのため、二次避難先が一次避難のときよりも自宅からさらに離れてしまうということも数多く生じたが、同じ地区の住民が一緒に生活できることを優先させ、避難者の皆さんを一時避難所（体育館や公民館等）から二次避難所（旅館やホテル等）へ移動するためのバスの手配業務を行った。

しかし、二次避難については、二次避難所として受け入れ可能かどうかの照会をホテルや旅館等に行い、回答を待ち、回答があったものを順次集計し、避難者数と受け入れ可能人数の調整を行い、各市町村災害対策本部と調整し、避難者に説明し、同意を得て二次避難開始という流れであったため、時間を要し、二次避難開始は４月中旬となった。

各避難所の運営は市町村職員が中心に行っていたが、各市町村からの要請により県職員が支援業務を行った。しかし、県立学校では各学校の教職員を中心に行われていたこともあり、３月下旬に各県立学校の状況確認を行った。

(3) 県立学校に対する避難所支援業務

筆者は郡山市内の県立学校の状況を調査するため、各学校に電話をして教頭先生と話をした。避難者を受け入れている各校からは、夜間については輪番で担当している学校、管理職が対応している学校と違いはあったが、日中は教職員が協力して運営に当たっているとの報告があった。ただし、どの学校からもいつまで避難所運営は続くのかというある種不安な思いが伝えられるとともに、二次避難はいつ頃開始になるのかという質問が出された。ある教頭先生からは、「避難者の方々は大変つらい経験をされている。ここでさらにつらい思いはさせられないので、

精いっぱい頑張っている。しかし、震災後２週間以上経過するが、私自身、自宅に戻ったのは１回だけである。非常につらい状況である」と涙声で話されたのを聞き、運営の大変さを実感した。二次避難開始が遅れたこともあり、この調査を受けて、県職員の派遣を希望する県立学校に対しては、県職員による避難所支援業務が開始された。

学校再開は、市町村立学校は各市町村教育委員会の判断、県立学校は各学校の状況により各学校長の判断となったが、地域や避難者の受入れ状況、校舎の被害状況等で各学校の再開時期は大きな違いを見せた。

〈小学校でのエピソード〉

相馬市内の小学校の避難所支援に行った際に驚くとともに感動したことである。

震災後６日目の３月17日に避難している地区の区長が集まり、「自分たちでできることは何か」ということを話し合い、炊き出し係やトイレの水汲み係等を確認し、自治組織が出来上がった。さらに、避難者に協力を呼びかけると、次々と協力者が名乗りを上げた。苦しい状況ではあるが、ただ受け身的に与えられている状況を変えて、「自分たちでもできることはやる」という強い意志が感じられた。避難所支援業務中はずっと冷たく硬いおにぎりを食べていたが、18日の朝に炊き立てのご飯で握られたおにぎりを食べた時には、自然と涙があふれた。

避難生活という厳しい状況の中でも自立的な生活を目指すこの気持ちと行動は、避難所運営業務を行う上でとても大切にしなければならないことだと強く感じた。

2　障害のある児童生徒の避難の現状と課題
――保護者アンケートからみえたもの――

福島県特別支援教育振興会いわき支部主催によるフォーラムは、テーマを「東日本大震災に学ぶ地域トータルデフェンスの在り方――障がい

のある児童生徒の避難の現状と課題」として平成25年10月2日に福島県いわき市内で開催された。

　前年度に、福島県特別支援教育振興会いわき支部は、いわき市内にある3つの特別支援学校（福島県立平養護学校、福島県立いわき養護学校、福島県立聾学校平分校）と震災により全校避難となり、福島県立聾学校平分校校庭に仮設校舎を建てて学習を行っている福島県立富岡養護学校の計4校の保護者90人に東日本大震災に関するアンケート（依頼開始：平成24年10月28日、回収締切り：平成24年12月10日、回収率：62％）を実施した。フォーラムは、そのアンケートの集計結果（表1）の報告、5人のコメンテーターによる発表と意見交換という内容で行った。

(1) 非難状況

　震災後の避難状況は表2のとおり、「避難した」が32人（57.1％）、「避難せず」が24人（42.9％）であった。避難経路は、自宅から居住する市町村の指定避難所、近隣の施設や知人宅、その後、福島市、猪苗代町、会津若松市、東京都、横浜市、茨城県、栃木県、群馬県、鴨川市等、各地に避難・移動ということであった。多い方では避難先を6カ所移動し、

表1　各校の保護者へのアンケート回収状況

	いわき養護	平養護	聾学校平分校	富岡養護	合　計
依頼数（件）	25	25	15	25	90
回答数（件）	15	16	8	17	56
回収率（％）	60.0	64.0	53.3	68.0	62.2

表2　震災後の避難状況

	いわき養護	平養護	聾学校平分校	富岡養護	合　計
避難せず（人）	6	9	4	5	24
避難した（人）	9	7	4	12	32
合　計（人）	15	16	8	17	56

現在もいわき市内で避難生活を続けているという回答が複数あった。

東日本大震災では、地震による自宅の被害だけでなく、津波被害、そして、原子力発電所事故の影響など、様々な要因が避難を行うかどうかの判断材料となったと考えられるが、障害のある子どものいる家族の避難を考えるときに大きな問題であると感じた事例があった。

すなわち、自宅は警戒区域内ながら、自閉症の子どもを連れての体育館や車の中での避難生活はできないためやむなく自宅にいた例や、避難せずに自宅で生活を続けたが、水や食料がなくなり親族からの助言で東京の病院に入院避難となった事例があった。反対に、避難を決断できた理由として、別居の祖父母や家族・親族等の協力により避難先が確保できたということが複数挙げられており、改めて、障害児・者への理解ある人々の協力が重要であることが確認できた。

(2) 配給の公平性

避難はしたが、避難所内で生活することが難しく、車内で生活をした事例や、食料の配給などで並んだ人数分だけしかもらうことができず、自宅や車内に居る子どもの分はもらえなかった。避難したくともできない状況であったため、配給をまったくもらうことができなかった、という問題点も挙げられた。

このことについては、避難所支援業務を行い実感したことであるが、配給はまずは公平にということが大原則となることであった。特例を一部の人に認めてしまうことで避難所全体の秩序が保てなくなる。どんなに小さなことでも、一部の人が認められたのなら私にも認めてほしいということになり、小さな不満でも積み重なると大きな問題へとつながる危険がある。避難者はそれぞれに大変な思いをして避難生活を行っているため、「みんな公平に対応してほしい」「並ばないでいただけるのであれば並ばずにいただきたい」「もう少し多くいただきたい」等々いろいろな思いが出てくる。特例を認める場合は、全員が納得する理由が必要

となる。

　筆者が支援業務を行った避難所は、150人ほどの避難者がいる避難所であったが、ある店から食料の差し入れがあった。個数は50個ほどであった。小分けにすることが難しいものであったため、全員が納得すると思われる方法を運営者で考え、全員に聞こえるよう大きな声で配布方法（まずは小学生以下の子どもに配付する、次に60歳以上の方に配付する、残ればそれ以外で希望する方に配付する）を説明したところ、異論は出されず、問題なく配付することができた。反対に数が多いときには、まずは一人にひとつずつ配付し、残りは希望する人に配付するということも行った。

(3) 障害児・者に対する特別な対応は可能か

　非常時には、障害児・者がいる家族だからということであっても、全員に証明できなければ特別扱いとなり、理解を得ることができないということになると実感した。そのことは、逆に、全員に理解されれば対応が可能であるということにもなる。例えばではあるが、家族が子ども等の障害者手帳を提示することでその障害児・者の分はもらうことができることをルール化し周知するということも、ひとつの方法ではないかと考える。

　また、フォーラムの際に、いわき市障がい福祉課長から説明のあった「災害時要援護者登録制度」（表3）については、さらに周知していく必要があるとともに、多くの関係者で話し合い、改善し、災害発生時の災害弱者の困難軽減につながるようにしていく必要について、課長がさらに改善に努めていくと話された。そのことが「公平性」へとも結び付いていくものと考える。

表3　災害時要援護者登録制度に関する説明文（いわき市ホームページより）

災害時要援護者登録制度について

　市では、災害時やそのおそれがある場合に家族等の支援が困難で何らかの助けを必要とする方（災害時要援護者）が、災害時等における支援を地域の中で受けられ、安心安全に暮らすことができるようにするため、災害時要援護者台帳の整備を進めています。

災害時要援護者の対象者

　在宅で生活する次の(1)〜(4)に該当する方で、災害が発生した場合に自力での移動や情報の収集が難しく、避難するために何らかの手助けが必要となる方が対象となります。
　(1) 65歳以上の高齢者で、次のいずれかに該当する方
　　　ア　介護保険法における要介護3・4・5認定者
　　　イ　一人暮らし高齢者（家族の就業等により日中一人暮らしとなる方を含む）
　　　ウ　高齢者のみ世帯
　(2) 身体障害者手帳1・2級の交付を受けている方
　(3) 重度の難病患者（特定疾患医療受給者）
　(4) その他支援が必要と判断される方

災害時要援護者の登録方法

　各地区保健福祉センター及び支所（内郷支所を除く。）に備え付けの「災害時要援護者登録申請書（兼）台帳」に必要事項を記入し、各窓口に提出してください。登録は、随時受け付けております。
　なお、申請書（兼）台帳に記載された情報は、消防署、消防団、民生児童委員、自主防災組織に提供し、災害時等の支援体制を整えるために活用されるため、個人情報の提供等に関して、本人の同意が必要となります。

避難支援者

　災害時要援護者に対し、消防団や民生児童委員、自主防災組織などと協力し合いながら災害時やそのおそれがある場合に、災害に関する情報を伝えたり、一緒に避難したりするなどの支援を行うとともに、このような活動ができるように、日頃から声掛け等を行う近隣住民の方などで、原則として2名登録していただきます。
　災害時には、やむを得ず支援できない場合も想定されるため、責任を伴うものではありません。

避難支援者となられる近隣の皆様へ

　災害時等においては、消防をはじめとする行政機関や消防団などが行う避難誘導などの公的支援には、おのずと限界があります。本制度は、災害時要援護者を地域の中で見守り、災害時等には避難支援者が一緒に避難するなど、共助の精神に基づく地域活動を支援するものです。災害時要援護者の近隣の皆様には、このような趣旨をご理解いただき、ご協力をいただきますようお願いいたします。

(4) 震災後の保護者の対応と要望

　保護者アンケートでは、この他にも、震災後、保護者として気をつけていることや震災を経験し学校や行政に伝えたいこと等の質問に回答いただいた。

　保護者として気をつけていることとして、外出時は防災ワッペンをつけさせていること、ガソリンや防災用品の準備、吸引器の整備点検、薬の多めのストック、補聴器の電池の多めの備蓄、外出時に常備薬リストの所持等、避難生活となった際に少しでも困難を少なくしようとする意見が挙げられた。

　学校や行政に伝えたいこととして、学校に対しては、災害マニュアルの作成と改善、福祉避難所の役割、心のケアへの対応、緊急時の対応訓練、保護者への情報提供などの意見が挙げられた。行政に対しては、安否確認の実施、避難所に避難できない家族への支援物資の支給、障害者家族の適切な避難場所（福祉避難所）の設置、各種手続きの簡略化等の意見が挙げられた。その出された意見の背景にある課題を以下にまとめてみる。

　①障害者家族の避難生活の大きな困難さの理解・啓発と、関係機関の連携のさらなる充実
　②生活不安への支援対策の速やかな実施と手続等の軽減
　③精神的な多様な不安、障害のある子どもの将来に対する不安、原発事故による健康不安等に対する専門的・継続的なケアの実施
　④学校や行政等から保護者への情報提供の在り方、密接な連絡体制の構築、保護者同士の連携の在り方
　⑤福祉避難所の設置や支援内容・方法等の個別的な対応の充実

　どれもが、災害発生時の対応の在り方を考えていく上でとても重要なことばかりである。

(5) 今後の課題と対応

フォーラムの報告書では、今後の課題について、以下のとおりにまとめた。

① 特別支援学校は、災害時の避難の拠点として各種の機能・設備、備蓄、人員の配置等を整備した福祉避難所としての役割を果たすことが求められている。

② 保護者は各種の困難を乗り越え、障害のある我が子を積極的に地域に出し、地域の人々の理解と支援を得る努力が必要である。

③ 正確な情報の把握、提供に努め、各種情報の共有化を進め、かつ、情報機器の活用等の使用能力を高める努力をすすめる。

④ 福祉避難所の設置をさらに推進し、その施設の内容・方法等の実態に応じた受け入れや対処等、福祉避難所の拡充と機能の改善充実を図る。

⑤ 地域トータルデフェンスの構築には様々な連携組織・団体等が関係することが求められる。そのため各種の支援・サポート関係の活動の内容・方法や体験・知見を集積し、関係機関・人々が参集・研究し、地域トータルデフェンスの構築を目指した努力が必要である。

上記課題について、平養護学校、会津養護学校が具体的に対応したこととして、緊急連絡について、保護者アンケートで「とにかく、今どのようなことが起こっているのかの正しい情報がほしかった」という多くの意見があったことを受け、東日本大震災の際は、電話が大変つながりにくくなったこともあり、一斉メール配信システムを導入し、緊急時の連絡方法を増やした。

災害対応マニュアルの見直しも実施した。もっとシンプルにし、本当に活用できるマニュアルにすることが求められた。平養護学校では震災後すぐにマニュアルの見直しを行った。そのマニュアルに基づいて、2

学期に避難訓練を実施した。筆者も参加したが、連絡体制等をさらにシンプルにする改善の必要があり、再度、反省をもとに見直しを行った。会津養護学校でも災害の種類によりＡ４判で１枚ずつのマニュアルとして作成している。今後も、常に見直しを行い、災害発生時に本当に役立つマニュアルにしていくことが必要であると考えている。

　また、原子力発電所事故への対応として、給食の放射性物質検査として、翌日に使用する食材の検査を実施し、結果を公表している。このことは、保護者の安心につながっている。リアルタイム線量計も設置され、空間線量がいつでも確認できるようにもなった。原子力災害についても安全安心を感じることができる対応が求められている。

　東日本大震災を経験して様々なつらい経験をした障害のある子どもの保護者から出された意見のもつ意味は非常に大きい。この課題を一つひとつしっかりと確認し、解決に向けて関係機関が連携して、今後も継続的に取り組んでいくことが重要である。

3　災害発生時の特別支援学校の地域での役割

　ここでは、前段で述べた特別支援学校に求められる役割について、再度整理し、述べてみたい。

　東日本大震災前から、平養護学校も現在筆者が勤務する会津養護学校もそれぞれいわき市と会津若松市から避難所指定を受けていたが、平養護学校は１家族が１日避難しただけであり、会津養護学校は避難所としての開設はなかった。震災当時、両校とも備蓄品はなく、避難所運営のマニュアルなどもなかった。

学校間等の協定

　しかし、保護者アンケートからも明らかになったとおり、障害のある子どものいる家族は一般の避難所への避難は難しく、避難したくとも避

難できないという家族がたくさんいた。このことを受け、震災当時、平養護学校長であった吉田政勝校長は、震災後、委員となっていたいわき市障害者地域自立支援協議会の場で、繰り返し平養護学校の福祉避難所指定をいわき市に働きかけた。

　その後、いわき市の担当者と平養護学校管理職との打合せが複数回行われ、平成25年に福祉避難所の指定について、いわき市と平養護学校の間で協定が結ばれた。これにより、備蓄品の整備も進め、外部からの支援がなくとも200人の避難者が3日間持ちこたえることができる量の食料と毛布や発電機、石油ストーブなどを整えた。食料の消費期限の問題を解決させるとともに、児童生徒、教職員の防災に対する意識を低下させないようにするために、防災の日近くに防災給食を実施し、消費期限の迫った備蓄品を給食として使用し、使用した分は新たに購入するということも行うようにした。

　また、平養護学校に隣接し、在籍している多くの児童生徒が入院している福島整肢療護園とは、災害発生時にお互いが助け合う（平養護学校は避難所として場所を提供、福島整肢療護園は必要な医薬品等を提供）協定を平成25年に結び、障害のある子どもたちの避難生活の困難を軽減できるようにした。

　会津養護学校でも、平成26年3月に災害時における要配慮児童等の受入れに関する協定を結び、災害発生時には福祉避難所としての機能を発揮することとした。備蓄品も乾パンや水、ヘルメット、毛布などを整備し、賞味期限を考慮し年次計画で計画的に購入していくこととしている。

　起こってほしくない災害であるが、東日本大震災の経験を生かし、災害発生時における障害児・者とその家族の避難生活の困難軽減を多くの学校で検討し、学校としてできることを明らかにし、その準備を継続して行っていくことが、特別支援学校に求められている大きな役割のひとつであると考える。

＊　＊

　東日本大震災の際は、平養護学校と会津養護学校の両校は、ともに避難所とはならず、新年度（平成23年度）は通常どおり学校を再開することができた。在籍する児童生徒とその家族の中には、非常につらく苦しい避難生活を経験したり、長期に欠席をしたりした児童生徒も少なからずいた。しかし、学校が避難所となり、在籍する児童生徒と避難の公平性を考慮した学校再開についての検討は行わずに済んだといえる。そのことについては、次項で福島県立郡山養護学校の佐藤智先生がまとめているので、大いに参考とされたい。

　筆者自身、東日本大震災への対応を行政側である災害対策本部の一員として、そして学校側である教頭としても経験し、現在も児童生徒の安全・安心な学校づくりに努めている。また、地域の福祉避難所としての機能を十分に発揮できるようにするための準備も非常に重要な業務の一つと考えている。

　前述の保護者アンケートの自由記述欄に「健常者も障害者も共に生きる同じ人間。弱いものを助けながら、突然襲う困難に立ち向かえる環境づくりを常に心がけて生活したい」との記載があった。自分たちでできることはしっかりと行いながら、協力して対応していき、災害発生時の困難を少しでも軽減できるようにしたいという強いメッセージが込められていると感じる。

　担当教頭としてかかわり実施した、福島県特別支援教育振興会いわき支部主催フォーラムでまとめた課題についても、私自身の大きな課題として残っている。福島県内には帰宅困難区域が設定され、まだまだ多くの県民が避難生活を行っている。特別支援学校に在籍する児童生徒の中にも、避難先から通学している児童生徒がいる。まだまだ、負の影響は残っていると言える。東日本大震災が私たちに課したとても大きな課題がいくつも明らかになったが、その解決に真摯に向き合い、継続して取

り組んでいくことが、今、改めて求められていることではないかと思う。

引用・参考文献
1）福島県特別支援教育振興会いわき支部主催フォーラム「東日本大震災に学ぶ地域トータルデフェンスの在り方——障がいのある児童生徒の避難の現状と課題」報告書、2014年

第2節　避難所となった特別支援学校の経験から

　福島県立郡山養護学校（以下、本校）では、平成23（2011）年3月11日の地震発生直後、校舎に残っていた児童生徒を避難させるとともに、引き続き発生する余震に大きな不安を抱える学校近隣の住民に対し、本校体育館を避難場所として開放した。

　当初、本校は避難所として指定はなされていなかったが、児童生徒だけでなく、近隣住民の方の安全確保、そして電気・水道等のインフラが断たれ、余震が頻繁に発生している状況に対し、校長の英断により自主的に避難所を開設するとともに、避難する住民をすべて受け入れた。その後、津波および原発事故による放射能の問題が発生し、県の災害対策本部からの要請を受け、避難する住民の受入れが開始された。

　本稿では、当時本校の避難所において避難者支援に当たった教職員の一人として、特別支援学校という場において、避難生活の公平性をどのようにとらえ、支援に当たったかについて報告し、避難者支援における公平性について検討することを目的とする。

●郡山養護学校（震災発生時）

設置学部	小学部、中学部、高等部
障害種別	肢体不自由
幼児児童生徒数	約160名

1　避難所における公平性について

　「公平性（fairness）」とは、辞書的な意味は、「すべてのものを同じように扱うこと」であり、一部だけに手厚くしない、偏らないことである。そして、我々が生きる社会においては、複数の人々がかかわりをもつような活動で、何らかの公平性が保たれることが重視され、その場を構成する者に対する非対称的な扱いは許されない（阿武、2008）。このことは、

災害時における避難所でも同様であり、避難者の安全・安心を保障することが最大の目的となる避難所であればなおさらであろう。しかしながら、避難所を構成する人々は、社会的に弱い立場となる子ども（乳幼児を含む）や高齢者、障害児・者、妊婦等も含まれ、与えられた物資等を均等に分配するということだけでは、前述した避難者の安全・安心を十分に担保することは難しいだろう。

そこで、避難所における「公平性」について、改めて考える必要がある。そのためには、限りある物資（場所等も含め）の中で、社会的に弱い立場の人々が、できる限り安全・安心に生活しやすくなるためにはどうすればよいかという視点が必要であると考える。

2　避難所開設と運営

(1) 本校の施設設備

本校は、平成14（2002）年に建て直した肢体不自由特別支援学校である。教室、調理室、厨房、自立活動室、寄宿舎、視聴覚室、プレイルーム、体育館、水治訓練室等があり、県の施設である総合療育センターが隣接されている。肢体不自由児が学ぶ学校であるため、自立活動室、水治訓練室等の肢体不自由教育ならではの特色ある施設・設備が設けられている。これらの特色ある施設・設備は、避難所としての機能を十分に果たすこととなった。

避難所としての活用例として、①教室：病室、おむつ交換所、乳児室、介護老人・妊婦対応、②調理室・厨房：炊き出し・調理、③自立活動室：レクリエーション、ゲーム、リラックス体操、④寄宿舎：大浴場、洗濯施設、⑤視聴覚室：各種会合、映画、⑥プレイルーム：運動、⑦体育館：主な生活の場、二重戸・床暖房完備、⑧水治訓練室：プールの水をトイレに使用、などが挙げられる。

(2) 地震発生から避難所開設まで

　地震発生時、校舎内には下校前の小学部高学年の児童および中学部、高等部の生徒が残っていた。そのため、揺れがおさまるのをまって、すぐさま隣接する総合療育センター駐車場および本校駐車場に教職員の誘導により避難した。児童生徒の安全を確認した後、その後の対応について検討している際に雪が降り始めた。

　体温調節が難しい児童生徒がいることから、教職員の自家用車に可能な限り児童生徒が乗るよう促し、暖をとった。一方で、台数に限りがあることから、教職員の自家用車に乗ることができない児童生徒もおり、早急に校舎内に避難場所を設け、二次避難を行う必要があった。そこで、耐震強度的に問題がない体育館の安全を確認し、被害がほとんど見受けられないことから、二次避難場所として設定した。

(3) 避難所における勤務体制について

　地震発生直後から、学校を休校とした。そして学校が避難所として使用されることとなったため、教職員は避難者支援に当たることとなった。震災後しばらくは、教職員の勤務体制は特別なシフトを組み、①通常：昼・夕食の準備、世話、②早番：朝食の準備、世話、見守り、③遅番：夕食の準備、世話、就寝時の見守り、④泊まり番：夕食の準備、世話、夜間の見守り、の四交替勤務とした。また、係担当制により、受付、食事、衣服、レクリエーション、トイレ、入浴、清掃、洗濯、保健等を実施した。教職員はその日の係担当表を見て、自分の役割を主体的に決定し、支援等に当たった。

　後述するように、避難者への対応については、特別支援教育の専門性を生かした支援が行われることとなった。

3 避難者支援における公平性、特性への配慮

　震災直後、避難してきた人々は、着の身着のまま避難してきた方が大半であったため、宿泊対応および防寒対応が必要となった。そこで、数に限りはあったが、各教室から、児童生徒が普段使用している毛布や布団を避難者に提供した。

　数日後、津波による被災者が本校避難所に避難してきた。特別擁護老人ホーム等の方々が多く、200人を超える方が本校避難所におり、高齢者（65歳以上135人）が半数以上を占めた。

　高齢者だけでなく、障害を有する方もいたことから、様々な配慮が必要となった。特に食事の面では、安全に食べることができるよう、学校栄養士を中心として、教職員による食事係で、必要な方へ「刻み食」「おかゆ食」の対応を行った。また、衣類や下着、おむつ等を多量に必要とすることから、近隣の店舗に教職員が働きかけたり、教職員が不用になった衣類等を持参したりする等した。「刻み食」「おかゆ食」等の食事の対応については、日頃から障害の重い児童生徒の給食指導の際に行われてきたため、教職員は普段の業務同様に行うことができた。

　原発事故が発生し、原発近隣の方々が本校へ避難することとなった。避難者には、家族で避難してくる方が多く、乳幼児や妊婦等を含んでいた。乳幼児を抱える家族、あるいは妊婦においては、優先して児童生徒の教室を提供する等、個室での対応を行った。個室で過ごすことにより、乳幼児を抱える家族や妊婦は、他の避難者に気を遣わずに落ち着いて過ごすことができた。これらの対応は、教室が多い学校という場であるからこそできたことではあるが、乳幼児や妊婦等が落ち着いて避難生活を行うためには何が必要かという意識があってこその対応であろう。

　また、避難者の運動不足を解消するため、レクリエーションを担当する教職員が中心となって、ラジオ体操、音楽療法、リラックス体操、バ

ルーン体操等を行った。特に率先して参加していたのは高齢者であった。教職員は、普段からユニバーサルスポーツを体育等の授業で児童生徒と行っていたこと等から、子どもや高齢者が同様に参加し取り組めるという視点で、レクリエーションを計画し実施することができた。

さらに、子どもたちに対しては、絵本やゲームコーナーを設け、常時活用できるようにしたり、教職員が一緒に遊んだりした。普段から授業でギター演奏等を通して児童生徒とかかわり合いを行っている教職員は、ギターに興味を示す子どもたちに演奏の仕方を教え、一緒に演奏したり、歌を歌ったりする姿がみられた。参加する子どもたちに笑顔が見られたと共に、一緒に活動する教職員にとっても、心が癒され、励まされる時間となった。これらの対応は、避難生活という身体的、心理的に大きなストレスを抱える状況の中で、避難者および支援者にとって、情緒を安定させ、一瞬でも笑顔を取り戻す重要な機会であった。

食事対応、個室対応、レクリエーション等の対応は、管理職を中心に教職員で考え実施してきた。避難者にはそれらの対応が必要であり、そうすることが当然であることとして行われてきた。

これらの対応を考え出した背景には、障害を有する児童生徒とのかかわり合いを通して普段から意識されてきた、相手（子ども）が良い状態で過ごしてほしいという思いがあったからなのではないだろうか。児童生徒がより良く学習に取り組んでほしい、児童生徒の学校生活がどうすれば充実したものとなるのかを常に考え、かかわり合いをもとうとする「配慮性」（鯨岡、1997）が、児童生徒だけでなく、本校にいる避難者への対応および避難所の運営に現れていたものと推測する。

それぞれの避難者が、安心し安全に生活することができるよう、そして、避難という過酷な状況であっても、わずかでもより良く生活してほしいと願う支援者側の意識および対応こそ、特別支援学校の避難所における避難者への「公平性」と呼ぶべきものではないかと考える。

4 学校再開にむけた支援体制の変化と自治組織への移行

　4月を目前に控え、少しずつ、児童生徒の日常を取り戻すこと、つまり学校再開を意識した取組みがなされてきた。

　教職員による四交替制は終了し、通常・早番・遅番の三交替制に変更した。夜間は管理職4人での対応となった。また、避難者による自治的な組織づくりを支援し、段階的に避難者自身により避難生活ができるようにしてきた。

　これまで管理職および教職員での支援が中心であったが、福島県養護教育センター職員、福島県および山口県、京都府職員、多くのボランティアの方々のご支援を受けながら、食事・清掃等をはじめ、これまで教職員が行ってきた支援について避難者に引き継ぎ、教職員の支援を縮小することができた。また、4月上旬から、自衛隊による炊き出しも開始され、学校再開への準備が整うこととなった。

　そして、4月11日に、授業開始・スクールバス運行・給食開始、小中学部入学承認式、卒業証書授与のつどいを行うことができた。6月に最後の避難者が学校を去り、約3カ月間の全職員による避難者支援が終了した。

＊　　＊

　本稿のテーマは「特別支援教育は避難生活の『公平性』とどう向き合ったか」であった。それは、避難所にいる社会的に弱い立場の方々に対する公平性は、安心・安全を担保する配慮性が重要であった。

　管理職は、昼夜問わず、また、休日も避難所に赴き、避難者への支援を行っていた。言葉では言い表すことができないほどの大変な状況の中で、まさしく献身的に支援を行っていた。このような管理職の姿を目の当たりにし、私もがんばらなければと自分を鼓舞することが多くあった。

今回の震災では、地震、津波、放射能という幾重に重なる災害により、甚大な被害をもたらした。特に放射能による影響は様々な形で現在も継続している。避難者支援に当たりながら、これからの福島県はどうなるのか、福島県の子どもたちはどうなってしまうのかと考える日々が多くあった。そのようなことも、「一人の人間としてどう生きるか」という問いに向き合わせた一要因だった。そして、避難者の方々とどう向き合うのかということにもつながっていった。

　今回のような甚大な被害に遭わないことを願いつつ、この震災から何を学んだのかを、当事者である一人ひとりが、改めて振り返る時期にきているのではないだろうか。

引用・参考文献
1）阿武秀和「資源配分問題における『公平性』について」、『産業経営』43、早稲田大学産業経営研究所、2008年、p77-95
2）鯨岡峻『原初的コミュニケーションの諸相』ミネルヴァ書房、1997年
3）渡邊世子「特別支援学校の災害時の対応『避難所の経験から』」、『手足の不自由な子どもたち　はげみ』867、日本肢体不自由児協会、2012年、p9-14
4）渡邉周二「震災そして原発に係る対応について──避難所運営は共に生きる体験の場」、『第49回北海道肢体不自由教育研究大会岩見沢大会　講演会資料』2013年

第8章 特別支援教育教師が体験した不均衡なリスク
――福島の障害者の震災被災と避難の調査から

中村雅彦

震災発生時　桜の聖母短期大学教授（同年4月より福島県盲人協会勤務）

　東日本大震災（以下、震災）では、宮城県の栗原市で震度7を記録したのをはじめ、宮城県、福島県、茨城県、栃木県など広範囲で震度6という激しい揺れを感じた。この震災では家屋の倒壊をはじめ、10mを超える高さの津波の襲来で太平洋沿岸部の市町村は大きな被害を被った。さらには福島第一原子力発電所にも被害が及び、冷却機能が破壊されて炉心溶融と放射能物質放出という最悪の事態を引き起こす結果となった。

　この震災が引き起こした人的、物的被害は甚大であったが、地理的条件や構造物の条件、周辺の人的条件、危険回避の意識の条件などによって被害の大きさはまちまちだった（写真1）。特別支援学校においても、校舎の建築年数や場所、構造などの条件、地震が発生した時の校内での活動や下校などの校外の活動条件、教師や児童生徒の危険回避の能力の条件などによって、個人が背負ったリスクも異なっていた。そこで、今回の震災で特別支援学校の教師がどのようなリスクに直面し、どのように行動していたのかを確認しながら、これまで学校において行ってきた防災教育を自助・共助・公助の視点から振り返り、今後の災害に備えたい。

　また、震災による障害者の死亡率は障害のない人の死亡

写真1　軟弱な地盤では家屋が倒壊

率を大きく上回っていたことから、なぜ上回ったのかを分析し、その要因を明らかにすることによって、今後の特別支援学校の防災教育に役立てられるものと考え本文の後半にまとめた。

　筆者は震災発生時、福島市の桜の聖母短期大学で障害児保育を担当していたが震災直後に退職し、翌月に福島県盲人協会に勤務した。震災発生後6カ月が経過した時点で、福島県内にある特別支援学校に対して、可能な範囲で震災時およびその後の対応について電話等で確認を行った。また、いくつかの特別支援学校を訪れて教師がどのような事態に遭遇し、どのように行動したのかを聴取し、そこから教師が背負ったリスクをまとめた。

1　地震発生時の教師の対応

　平成23（2011）年3月11日（金）午後2時46分の地震発生時、福島県内の特別支援学校はどのような状況にあったのか、参考事例としてA校とB校の様子を振り返ってみる。

(1) 学校の状況

A校の場合

　地震直後、外は吹雪だったので体育館に避難したが体育館の揺れは激しく、倒壊の危険を感じたので避難先を校庭に変更した。児童生徒と避難してきた近隣の高齢者たちは、寒さに震えながら揺れがおさまるのを待っていた。しかし、余震が続いたためスクールバスに乗車させ、エンジンをスタートさせて体を温めた。その後、近隣住民は公営の施設に移ったので児童生徒を寄宿舎に移動させて保護者の迎えを待った。しかし、電話やメールの交信が困難で保護者と連絡がとれなかった。連絡できるようになって児童生徒が自宅に帰宅したのは午後10時を回っていた。路線バスで帰宅した児童生徒については教師が車で追いかけ、安否を確

認しながら保護者に引き渡した。
　翌日以降は、出勤可能な教師が県内外に避難した児童生徒の安否確認を行うとともに、原発事故による放射能汚染を避けるため太平洋沿岸の市町村から学校に避難してきた150名近くの避難者を受け入れ対応した。
　学校は緊急措置として、新たな校内組織を編成して対応することになった。非常時の学校運営においては、教師は教育活動よりも避難者の救済活動を優先し、飲料水や食料の確保、健康状態のチェック、放射線に関する情報提供、学校医およびカウンセラーとの連携、他県の支援団体との連絡などが主な業務になった。
　震災後、教育活動は停止状態となり、その状況は1カ月後の4月中旬まで続いた。間近に控えていた卒業式も修了式も中止となってしまった。長期の自宅待機に対して保護者から再開への不満が寄せられるようにもなった。年度末人事異動も保留となり、次第に学校の正常化が大きな課題になってきた。

B校の場合
　午後2時46分の地震発生時、多くの児童生徒はスクールバスや路線バスで下校の途中にあった。スクールバスは学校と連絡がとれないなか、乗務員の判断で危険な箇所を避けて迂回しながら運行を続けた。そして、教師がスクールバスの到着を待って安否を確認したが、最終のスクールバスが学校に戻ってきたのは6時間後であった。その間、警察の協力を得ながらスクールバスと学校が連絡をとり合った。下校途中の高等部の生徒は教師の車で学校に集め、保護者に連絡して迎えを待ったが、連絡がつかなかった生徒は校内に宿泊させた。
　児童生徒と教師に人的被害はなかったが、学校関係者の中には地震による家屋倒壊、津波による家屋浸水の被害が発生してしまった。また、原発事故による県内外への避難も数件発生した。震災後、修了式は中止、卒業式だけは3月末に実施したが、全員揃っての式にはならなかった。

教師もガソリンの給油困難、道路の損壊や路上の障害物による通行止めにより思うように行動できなかった（写真2）。そのため、多くの教師は公的交通機関の遮断等のため休暇を取得せざるを得なかったが、出勤可能な教師たちで校内の避難者対応や児童生徒の安否確認、学校施設の安全点検を行った。特に、原発事故については予想もしていなかったので、事故後の放射能汚染を防ぐために、放射能に関する健康被害のデータの入手、保護者への情報提供などの新たな活動分野が加わって、教師は多忙な日々を送ることになった。

(2) 教師の対応

　A校とB校の震災時および震災後の対応を筆者が聞き取った範囲で紹介したが、この事例と他の特別支援学校の事例を参考に災害時に教師がどのようにリスクを避けようとしたのかをまとめた。

　教師は自分自身の家族の安否や被害状況の確認に時間を費やしたかったが、急務であった児童生徒の安否確認や近隣からの避難者の対応に献身的に努力した。改めて教師の責任感や使命感の強さを実感させられた。震災後、地域からの特別支援学校に対する信頼感や期待度が大きく向上したのは言うまでもない。さらに、自宅の安否が確認できた教師は昼夜交代で学校に勤務し、避難者の支援にあたった。また、交通遮断等により出勤できなかった教師は、自宅周辺の避難所へ出向き支援にあたっていた。

　震災時の教師の対応は様々で、校内にあっては崩れ落ちる壁や天井を避けながら避難路を確保した教師、長期の揺れと余震で、いつ校舎の外に児童生徒を避難させるか迷っていた教師、海岸付近で津波

写真2　路上に散乱したがれき

を目前にして避難先を探していた教師、渋滞の中で学校と連絡がつかないまま、長時間スクールバスに乗車して児童生徒を落ち着かせていた教師など、必死で児童生徒を守る姿があった。

校内であれば、校長の指示のもとで避難中や避難後の安全確保ができるが、校外にいた教師は電話やメールの交信が困難な状況のなか、個人の判断で行動せざるを得ない状況にあった。個人の判断のより所となったのは、学校の避難マニュアルの中にあった校外における危険回避の内容であると話していた教師もいた。

(3) 原発事故による想定外の対応

福島県では福島第一原子力発電所の事故による放射能汚染に対する恐怖も重なり、予想もしていなかった対応が教師に求められた。特別支援学校では放射能対応について前例がないなか、全国の特別支援学校への避難を検討したり、新たに加わった放射能被害の対応マニュアルの作成や放射線測定機器の確保、放射線量の数値の公表など混乱状態におかれてしまった。

特に原子力発電所から10km圏内にある特別支援学校では、建物の一部損壊、敷地の陥没や亀裂などの被害に加えて、放射能汚染から逃れるため教師も児童生徒も県内外に避難を強いられた。学校の敷地にも建物にも立入りが許可されず、ようやく2カ月後に重要書類の搬出が可能になった。原子力発電所周辺の立入禁止区域は、震災直後の2倍に拡大され、制限時間のもとで関係者にだけ立入りが許可された（写真3）。

震災から1カ月、他の特別支援学校の施設の一部を借用するなどして再開されたが学びの場は県内各地に分散し、教師は区域外就学の手続きや転校相談などの事務に追われることになった。また、多くの児童生徒が入所していた提携の福祉施設が他県に避難したため、毎日のように連絡をとり合いながらの授業再開となり、教師も落ち着いて学習指導に取り組める状態ではなかった。

この震災で、福島県の特別支援学校では帰宅した生徒1人が犠牲になるとともに、入学予定者や卒業生の中にも数人の犠牲者が出ていた。また、避難先で亡くなった生徒もいた。

写真3　20km圏内は立入禁止

　今後の大きな地震等に備え、リスクをどのように回避しなければならないのか、自助・共助・公助を生み出す教育の発信という観点から考えてみたい。

2　自助・共助・公助を生み出すための教育をどのように発信したのか

　自助・共助・公助を考える前に、学校における避難と防災について確認しておかなければならないことがある。それは、児童生徒が学んでいる日中に起きた災害の大部分は、大きな事故に至っていないことである。日中は人が多くいるからだ。大規模な火災は無人化している夜間に多い。しかし、近年は、警備会社に警備を委託しているので学校火災も少なくなってきた。

　日中は学校には多くの教職員がいるうえに、避難訓練を重ねて円滑な避難に備えている。避難訓練は発生原因や避難路の確保、消防署との連絡、地域住民の協力など、学校として想定される内容で長年実施しているので、ある程度避難の体制は整っている。問題は登下校中や帰宅後に発生する災害からの危険回避である。

(1) 自助を考える

　震災が原因となり津波等の被害で亡くなった身体障害者は、筆者の調査では障害のない人に比べ3割程度高かった。他県では数倍という報告

もある。地震で危険を察知したら、まず自分から回避する行動を起こすことが必要だが、犠牲者の家族や関係者の聞き取り調査では、自分から危険な状況を回避または助けを求める行動に出なかった人が数多くいたことが分かってきた。障害者であろうとなかろうと、危険から逃れる力はあると思う。なぜ逃げることができなかったのか。これは、学校教育だけで出せる答えではない。

　今回の震災で犠牲になった生徒の母親が、「何でもできるような子だったが、いざとなったら何もできない子だった。一言、誰かに〝逃げろ〟と声をかけてほしかった」と話していた。

　この生徒は地震が発生してから津波が押し寄せるまで約40分間、高齢の祖母と一緒に家の中にいたが、祖母から「逃げろ」という言葉はなかったと思われる。なぜ生徒は、自分で判断して50m先の高台に逃げられなかったのかという疑問が残った（写真4）。小さい時から危険な状況に遭遇すると「危ない」「待ってなさい」「こっちに来なさい」と絶えず指示を受けながらその場で行動してきた経験が重なり、いざという時に自ら判断して行動が起こせない環境にあったからではないか。

　学校では年数回は避難訓練を実施しているが、一斉に避難する方法ではなく、個人の能力に応じて移動する、支援する、自力移動が困難だったら助けを求めて声や音や動きで発信をするなどの方法も役に立つ。最終の避難場所まで到達できなくても、安全が確保できる場所まで避難することも考えられる。自助についてどこまで考えて教育してきたのかを一人ひとりの教師に問いたい。

写真4　避難できなかった高台

(2) 共助を考える

　特別支援学校の災害の危険性は、校内よりも校外である

と述べたが、登下校時は最も危険が高くなる時間帯である。特別支援学校の登下校は、自力通学よりはスクールバスや保護者の車、デイケアセンターの送迎用の車などの利用が多いと思う。今回は、多くの特別支援学校がスクールバス運行中に地震に遭遇し、電話やメールの交信が困難となるなか、渋滞に巻き込まれながら深夜までかかって教師が安全確認に奔走した。教師は路線上の地域の人々の情報を入手しながらスクールバスを追跡していた。どの特別支援学校でも、児童生徒の通学路は確認できていると思うが、通学マップに、途中の要所要所に災害時の地域の協力体制を明記しているところは少ないと思う。

　今回の震災で帰宅後に津波で犠牲になった特別支援学校の高等部生徒がいたが、帰宅後とはいえ、学校での防災教育の効果が自宅周辺での避難に役に立っていたのであろうか。地震や大雨に対して、海沿いなら津波の危険、山沿いなら崖崩れの危険、あるいは河川の氾濫などについて家庭訪問時に話題にしてもいいと思う。また、今回の震災では高齢者と障害者が一緒に亡くなっている例が目立っていた。高齢者の判断が不適切だったと考えられる。いざとなったら、すぐ近くの人に守ってもらうしかないわけで、高齢者といえども例外ではない。高齢者の実態を踏まえた避難訓練も必要ではないか。

　平成7（1995）年に発生した阪神・淡路大震災で兵庫県と神戸市がまとめた「震災障害者実態調査報告書」では、障害者を救出してくれた人の52.2％（複数回答）が近所の人たちで、消防、警察、自衛隊の公的救助機関の22.2％を大きく上回っていた。

　今回の震災では近所の助け合いが少なかったと実感している。近所の人たちは「障害者がいるのは分かっていたが、家の中での生活の様子は知らなかった」「いつもヘルパーがいて介護していたので問題ないと思っていた」「玄関にスロープがあるので逃げられると思っていた」などと話していた。

　東北地方では、津波の速度が時速100km以上に達していたと言われて

写真5　津波避難は1分1秒を争う

おり、支援がなく逃げ切れなかった障害者の中には、一瞬にして命も家も奪われてしまった人たちがいた（写真5）。障害者の生活の様子が近所の人に知られていなかったことや交流がなかったことが、支援に結びつかなかったわけである。

　災害があった時だけ手助けに家に入るには勇気がいる。個人情報に対する過剰反応で、障害の状態や生活の様子が近所の人に知られていないのが現状だ。人はみんな地域で生きなければならない。地域で生きるためには、互いに個人情報が必要となるがどこまで知ってほしいかは自分で判断すればいい。共助の大原則でもある。また、卒業後の生活を考えると地域との連携は欠かせない。この震災を機に学校が地域の人々との連携の重要性を共助の視点から考え、学校・地域・家族の話し合いも必要と考える。

(3) 公助を考える

　今回の震災で学校の建物の一部に破損や敷地のひび割れがあったものの、警察や消防の救助は必要なかった学校が大部分であった。また、今回の地震では地域全体が何らかの被害を被ったので、救助のため学校に駆けつけた地域住民は少なかった。むしろ、地震直後に多くの地域住民が学校に避難したため、特別支援学校は地域住民を支援する立場に立った。学校は、すでに下校した児童生徒の安否を確認しながら避難してきた地域住民を支援することになった。学校としては教育委員会の指示の下で対応したかったが、電話もメールもつながらず、校長の判断で行動するしかなかった。当然のことながら、教師の力を結集して刻々変化す

る状況に対応することになり、校長は何度も主任クラスのメンバーを招集して判断しなければならなかった。

 教師は安否確認と避難者救援のグループに分かれ、長期間にわたって活動することになった。児童生徒の安否確認は大部分の学校では3日間で終了したが、体育館等の避難所を転々としたり、知人や親せきを頼って家族が移動したりして所在が不明となった例も多かった。市町村の災害対策本部や警察等の機関に問い合わせたが的確な情報は入手できないまま、安否確認が長期にわたった学校も数校あった。そして、すべての学校が避難所としてその役目を終えたのは、震災発生から約3カ月後のことであった。

 学校の緊急連絡網には、最優先で地元の消防署、警察署、教育委員会に連絡できるよう電話番号が表示してある。しかし、今回の震災では電話やメールがつながらず学校は数時間孤立状態になった。教育委員会と連絡できたのは十数時間後であった。当然のことながら、校長が全責任を背負って指示を出すことになったが、校内にいた一部の教師や校外にいた教師にその指示は届かなかった。緊急時に警察署、消防署、教育委員会などの公的機関と連絡がとれない場合や校長の指示が届かない場合に、教師はどのように行動すべきか、マニュアルに付記しておく必要がある。そして、平常時から教師個人の判断能力を高めておくことが大切だ。

 特別支援学校は小・中学校ほど地域との交流は盛んではないと思う。学校がある区域外から通学している児童生徒が多いことが主な理由だが、学校の姿勢によっては地域と密接な関係を保つことはできる。今回の震災で、特別支援学校に避難した児童生徒や住民の食料を確保するため、教師が近隣の商店や食品工場に協力を求めたところ、日ごろから顔見知りだったことから無償で提供してくれたという。公助とまでいかなくとも、日ごろから地域と連携していることによって、緊急時には支援が可能になる。あいさつをしたことがなく、玄関に足を踏み入れたこともな

い家に緊急時だからといって突然入るには勇気がいる。学校においても同じことが言える。

3　障害者の死亡率から読み取るものとは

　今回の震災における障害者の死亡率について、障害のことを考えると障害のない人より高くなったのは言うまでもない。福島県では、筆者が県社会福祉協議会と協力していち早く調査に当たった。その結果、震災後の3カ月間に118人の死亡を確認した。大部分は津波が原因で死亡した障害者である。調査の時点で行方不明者が400人以上いたが、3年後には200人近くに減ってきた。3年後の平成26年3月11日現在の死亡者数から推測すると約150人が犠牲者となる。これは障害のない人の1.3倍近くに当たる。しかし、宮城県、岩手県では福島県より人口が多い市町村が津波の襲来を受けているため、障害者の死亡者数は福島県より多く、死亡率も内閣府等の資料等から障害のない人の約2倍近くに達していたことが分かった。

　表1に、筆者が福島県社会福祉協議会の協力を得て調査した「震災による障害者死亡者実態調査」の結果をまとめたので参考にしてほしい。

(1) なぜ障害者の死亡率が高かったのか

　なぜ高かったのか、福島県の実態調査から考察してみた。大きくは、ふたつの要因が考えられる。

　ひとつは、津波の情報が入っても逃げ出すことができなかった障害者、他方は情報が入手できなかったり、入手できても理解できなかったために逃げ出せなかった障害者である。前者は移動障害者、後者はコミュニケーション障害者とも言える。

　移動障害者は、点字ブロックや音声案内、スロープ・エレベーターなどの補助的手段の整備が進み日ごろ自力で行動している人が多い。自宅

表1　震災による障害者死亡者実態調査

調査方法：福島県社会福祉協議会と福島県点字図書館が調査し、相馬市、南相馬市、広野町、楢葉町、富岡町、大熊町、双葉町、浪江町、新地町、いわき市の3市7町の協力により集計。

(人)

	身体障害者		その他の住民		療育手帳所持者の死者数	精神障害者保健福祉手帳所持者の死者数
	死者数（手帳所持者に占める割合）	身体障害者手帳の所持者の総数	死者数（人口に占める割合）	人口		
相馬市	17 (1.06％)	1,605	430 (1.19％)	36,212	3	3
南相馬市	16 (0.47％)	3,412	572 (0.85％)	67,306	0	0
広野町	1 (0.63％)	160	1 (0.02％)	5,418	0	0
楢葉町	1 (0.24％)	423	10 (0.14％)	7,277	0	0
富岡町	1 (0.18％)	558	15 (0.10％)	15,443	0	0
大熊町	0 (―)	416	63 (0.57％)	11,099	0	0
双葉町	1 (0.28％)	354	26 (0.40％)	6,578	0	0
浪江町	21 (2.12％)	989	91 (0.46％)	19,916	1	1
新地町	14 (3.60％)	389	86 (1.10％)	7,835	2	1
いわき市	30 (0.17％)	17,271	277 (0.09％)	324,978	3	2
計	102 (0.40％)	25,577	1,571 (0.31％)	502,062	9	7

注1：身体障害者の死者数は、手帳所持者で平成23年3月11日から6月30日の間に震災が原因で死亡した人の数。身体障害は、視覚障害・聴覚障害・肢体不自由・内部障害の人数を合計した。
注2：身体障害者手帳所持者数は、平成22年4月1日時点（福島県障害者総合福祉センター）
注3：住民の人口は、平成22年10月総務省人口等基本集計結果を用いた。その他の住民の死者数及び人口は、障害者数を除いた数。

も改修して住みやすくし、単身あるいは障害者同士で生活している人も増えてきた。しかし、災害時に避難するためには人の力が必要になる。自宅の簡易スロープが使えず脱出できなかった車いす利用者、家具や棚

写真6　30cmの段差も大きなバリア

が崩れて逃げる際に転倒して骨折した視覚障害者は、連絡さえできれば支援は可能だった。ところが電話やファクシミリがつながらずに孤立した人や近所の人の声かけがなかったため救助から取り残された人がいた。戸や窓を開けて声やタオルを振って合図をすれば、家の前を避難する人に救助のサインを送ることができたのに、それもできなかった。自宅から一歩でも外に出ることができたなら、あるいは家の中に取り残されたサインを送ることができれば助かったと思われる人たちである（写真6）。

　一方、情報が入らずに逃げ遅れた人たちもいた。防災無線や市町村、消防署、警察署の呼びかけが届かなかった人や、電話や停電によるトラブルで情報が届かなかった人がいた。日ごろはテレビやファクシミリで情報を入手している聴覚障害者が犠牲になり、情報が入っても内容が理解できず逃げ遅れて犠牲になった知的障害者もいた。発達障害者も同じように状況判断ができなかった例もある。人が駆けつけて避難の指示を出せば、あるいは障害に応じたコミュニケーションの手段が確保されれば助かった人たちである。

　障害者の犠牲の現場を何度も訪れて、近所の人たちに震災時の状況を聞いて気づいたことがある。それは、高齢者と障害者だけの時間帯が存在し、高齢者が適切に判断すれば、助かった命があったことや、地震直後に家の前を近所の人が避難していたのに手助けがなかった障害者がいたことである。手助けがなかった障害者は、祖母と介護事業所の従業者の支援だけの毎日で、近所の人たちには全く生活の様子は知られていなかった。

(2) 死亡率を下げるために：
自らの状況や存在を近所に知ってもらう

　犠牲の現場を訪ね歩いて近所の人たちの話を聞きながら、障害者にとって、移動環境をバリアフリー化しても、コミュニケーション方法を整えても、正確な情報が入手できたとしても、最後は「人の力」だということを強く感じた。自分の姿を地域から閉ざしておいたのでは、いくら緊急時でも近所の人は声をかけにくい。日ごろから、生活している様子を見てもらうことである。

　確かに、障害の状況や家の中の様子を知られたくないという思いは誰にでもあるので、朝晩、あいさつを交わすだけでもいい、散歩や買い物で外出する姿を見てもらうだけでもいい。人は誰でも地域で生きなければならない。地域で生きる魅力を感じるには、地域との交流が必要だ。個人情報へ過剰反応して保護するだけでは情報は役立たない。むしろ情報の有用性に目を向け、障害者の側から必要な情報を発信することが大切と考える。

　今回の震災で助けを求めていないにもかかわらず、日ごろから高齢の母親と大きな体の障害者が手をつないで近くのスーパーに買い物に行く姿を見ていた青年が、いざという時は助けが必要と思っていて、津波に浸かりながら障害者の家にかけつけて高台に避難させた事例があった。

　障害者の救援や避難には「向こう三軒両隣」の精神が必要だと思う。犠牲になった家族からは運が悪かったという声が数多く聞かれた。助かった人からは、運良く助けられたという声を聞いた。一つひとつの事例からは、偶然そのようになったかもしれないが、多くの事例を重ねていくと運だけではなく、日ごろの人と人とのつながりの強弱の関係がみえてくる。前述のように、そんなに親しい関係ではないけれども買い物や散歩をしている障害者の親子を見ていた人が、「いざとなったらこの親子だけでは避難できないだろうと思っていた」ことが救出につながっ

た。逆に、いつもヘルパーが自宅で介護しているので近所の手助けは不要と、あいさつもしなかった人は、家の前を避難する近所の人に声もかけられずに犠牲になってしまった。

　自分の障害や生活の様子を知られたくないという気持ちは理解できる。しかし、生活の様子を共有してくれる人がいないと支えきれない。すべてを知られるのは耐えられない。ほんの少しでもいいから、存在を知ってくれる人が数人近所にほしい。朝晩の散歩や外出で顔を会わせたときに、あいさつをするだけで共助のシステムはできるはずだ。いくら頑張っても障害のない人のような避難は難しい。そして、正確な情報が入手できたとしても簡単に逃げられるものではない。やはり、障害者には「人の力」が必要だ。かつての日本のどこにでも存在していた「向こう三軒両隣」の精神が蘇ってくることを願っている。

(3) 障害特性に応じた避難を考える

1）視聴覚障害の人たち

　今回の震災で停電になった地域では、視覚または聴覚だけがたよりの障害者の多くは災害の状況をつかめず、避難の情報も入手できなかった。先日、緊急時に刺激臭を噴霧する実験がテレビ番組で紹介されたが、停電時でも蓄電池を利用して音や光で危険を知らせて避難できるようにするシステムが必要である。さらに緊急時には、視聴覚障害者が優先的に送受信できる携帯電話のシステムも必要だ。視聴覚障害者は、情報・コミュニケーション障害者とも呼ばれており、緊急時の避難では音声情報や文字情報がいかに大切であるか、今回の震災で知らされた。

2）知的障害の人たち

　知的障害者は、障害の程度に応じて個別的に支援できれば避難できる確率は高くなる。自ら判断して行動することが難しい人たちが多く、手を引いてやるとか動作で示すなどの方法で避難はしやすくなる。誰が指

示を出すかが鍵である。今回、高齢者の判断で地震後もそのまま自宅にいて津波に流された知的障害者がいたが、適切な指示があれば逃げられた人たちでもあった。

　一方、デイサービス事業所等を利用していた知的障害者は職員の指示で多くの人が避難できた。知的障害者は、生活時間帯によって生活を共にしている人が異なってくるので、時間帯ごとに避難の方法を考えておく必要はある。

3）発達障害の人たち

　発達障害者は、障害特性によってそれぞれ示す行動は異なるが周囲の人の支援がないと円滑に避難できない人が多い。また、避難所での生活も困難を極めることになる。今回の震災では、一緒に避難している家族が一番苦労していた。避難所で生活できた発達障害者はごく一部で、多くの家族は車の中に避難していた。体育館の会議室や用具室などの小部屋が優先的に使用できれば、家族の負担は軽減する。

　また、情報を伝えたい時は言葉より文字やイラストなどが効果的だが、緊急時には対応できないのが現状である。震災直後の対応は困難でも、長期の避難生活においては文字、イラストの表示は可能であろう。日ごろから、発達障害について理解できる人たちを増やす努力が必要だ。

4）車いす利用者や歩行困難な人たち

　自宅や自宅周辺がバリアフリー化されていれば避難しやすいことは誰でも知っている。大きな段差や急なスロープがあっても、介助者がいれば車いすで上り下りはできる。介助者に介助技術を身につけてもらうと避難はしやすくなる。また、車いす利用者や歩行困難者は移動だけが不便なのではなく、生活動作の支援も必要だ。

　今回の震災では、避難した体育館や公民館のほとんどに洋式トイレがなかったため苦労した人は多かった。仮設トイレや携帯トイレが使用で

きた人はごくまれで、紙オムツを使用した人も多かった。高齢社会で身体の機能が衰えている人も増えてきたので、洋式トイレの増設と仮設トイレの洋式化も必要だ。

(4) 障害者を支えるシステムづくりは
　　すべての人の命を守る社会づくり

　今回の震災では、被災や避難を通して障害者が取り残されてしまった事例が数多くあった。被災現場を訪ね、避難中の生活を取材する中で、緊急時なので周囲に迷惑をかけたくないと我慢している障害者や家族がいた。しかし、我慢の度合いは障害のない人の比ではない。命にかかわる我慢である。その例を紹介したい。

命がけの我慢
　太平洋沿岸部の車いすの障害者は津波の被害を心配したが、崩れた玄関を出るには他人の助けが必要で、時間もかかるのでこのまま死んでもいいと思ったという。しかし、2人の家族が駆けつけて車で脱出できた。その後、高台の小学校に避難したが、我先に体育館や教室に入る姿を目にして、とてもここには避難できないと判断、我慢して車中にいたところ近くの幼稚園が目に入り避難した。その間、押し寄せた海水に浸かりながら命がけの避難だったという。なぜ小学校に入れなかったのか、本当にスペースはなかったのか、障害者から入れてほしいと訴えることは無理だったのであろうか。

　避難中にも我慢した例は数多くあった。視覚障害者が避難所の屋外仮設トイレに向かった時、長い列に並びながらやっとの思いで空いたトイレを見つけ、たどりついた便器を手で触れて形状を確認した。大勢の人が周囲にいたにもかかわらず、手助けはなかったという。トイレを使うにも不安が高まり、食事や水分の摂取は我慢することになってしまった（写真7）。

さらに、知らない土地での避難生活であるため、外出は危険と隣り合わせで散歩も買い物も我慢し、支援物資だけで生活を続ける障害者もいた。その結果、栄養の偏りや運動不足で健康にも被害が及び、通院の回数も増えていった。我慢にも限度があり、命にかかわるようになってから周囲の人が気づいても遅すぎる。

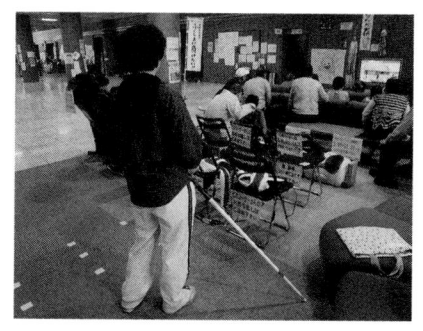

写真7　避難所では我慢の連続

＊　　＊

　2025年の社会は75歳以上の高齢者が18.1％、2055年には、26.1％が75歳以上の高齢社会になるという見込みである（厚生労働省老健局振興課平成26年4月25日資料より）。近年元気な高齢者が増えてきたが、75歳を超えれば足腰が弱ってくるし、目も耳も機能は衰えてくる。自宅にいて大災害に遭遇したら、ひとりで身の安全の確保ができるだろうか。大部分の人は隣近所の手助けが必要となるだろう。

　実は障害者を支える社会づくりは、障害の有無にかかわらず、高齢社会を生き抜く私たち全員の命を守る社会づくりにつながっていることを、今回の震災は教えてくれたのではないだろうか。

引用・参考文献
・中村雅彦『あと少しの支援があれば――東日本大震災　障がい者の被災と避難の記録』ジアース教育新社、2012年

第9章　震災を通して「双方向の支援」を考える

熊本葉一

震災発生時　花巻市立笹間第一小学校教諭、岩手県自閉症協会会長
NPO法人いわて発達障害サポートセンターえぇ町つくり隊代表

　震災を通して私たちが学んだものは何であるのか。それを特別支援教育あるいは障害者福祉という立場から考えてみるというのが、本書の趣旨である。まず結論めいたものから申し上げるならば、「弱者」と「強者」と言う立場が仮にあるとしても、それは常に双方向のものであるということである。

　筆者は震災時、岩手県自閉症協会として、あるいはNPO法人いわて発達障害サポートセンターえぇ町つくり隊としての活動が主となった。

さらなる弱者

　被災者は一時的に障害者的立場になった。様々な面で、今までできていたことができなくなった。例えば、それは食事であったり住まいであったり移動であったりした。普段ならばたやすくできることができなくなってしまったのである。その時、被災者の誰もが支援のありがたさを感じたであろう。しかし、同時に支援され続けていることへの心苦しさも感じたのではないだろうか。それは、負い目のようなものかもしれない。一時の支援は本当にありがたい。しかし、そう感じる心が強ければ強いほど、善意に甘え続けることは負担になる。誰しも、自分も誰かの役に立つ存在でありたいのである。だから、震災後の復興が進み、物的な面でも精神的な面でも生きる力を取り戻し、再び誰かのために自分が支えとなれると感じたときにこそ心的な安定が得られる。そうなった

ときに真に復興したと言えるのではないだろうか。

　障害児・者に話を戻す。この震災でみえてきたものは、その中でも最も「弱い」立場にあったのは障害のある子どもたちである。彼らはまさに「さらなる弱者」であった。しかし、また別の側面からみると、彼らは「弱者」であるが故に中心的存在であった。国中の人々が復興へ向けて力を結集しようとしたときの中心になっていたということだ。決して弱いが故に不利益ばかりを被る存在ではなく、むしろ「絆」の核となっていた。最も「弱い」立場であった彼らは、実は、人々の心の中で最も強力な求心力を持った存在だったのではないだろうか。

　この稿で論じたいのは、障害のある弱者への支援は決して一方的な施しではなく、支援する側もまた相応のものを得る双方向の営みであるということである。そしてそのことをこれからの特別支援教育の中に位置づけていく必要があるということである。

1　ふたつの事例からみえてきたもの
──被災した自閉症児・者の報告から──

　自閉症の人の事例をご紹介する。ひとつは知的障害を伴った自閉症の青年と家族の話である。もうひとつは高機能自閉症の成人の方のものである。

　自閉症という障害は、一見するとなかなか障害者には見えない。外見はいたって普通の人に見える。また、特定の分野においては、驚くほどの能力を示すようなことがある。したがって、その人の困難さは見えにくくてなかなか生きづらさを理解してもらえないところがある。それが故に、この震災で多くの自閉症の方やその家族が苦しんだのである。

(1) Yさんとその家族の場合

　Yさんは、岩手県大船渡市に住む当時19歳の知的障害を伴う自閉症の男性である。父母と大学生の兄との4人暮らしで、Yさんは市内の作業

所に通っていた。震災当日は、母親と2人で自宅にいて被災した。職場にいた父親を含め家族は無事であったが、家は津波によって流されてしまった。Ｙさんとその家族にとってこの震災はどのような困難さをもたらしたのであろうか。

1）避難所生活の困難さ

ひとつは避難場所をめぐる問題がある。

地震の直後、家にいた母親とＹさんは兄の車で避難した。すぐ近くに中学校の体育館があったが、凍えるような寒さのなか、それでも車中泊を選択した。翌日は、寒さと食料等の確保のため中学校の体育館に移る。しかし、そこに長く留まることなく、公民館や母子寮として使われていた市の建物を転々とし、最終的には父親の会社の社宅を避難場所とした。

転々とせざるを得なかったＹさんは、大勢の人が出入りし生活する無秩序の集団の中で不安定になり、走り回ったり声をあげたりした。そしてそのことを周囲から強く注意された。Ｙさんの家族もしつけの悪さをなじられたり、自閉症の子どもを抱えて生活することの困難さ（例えば、物資配給の列に並んだり、分担された当番活動を行ったりするようなことの困難さ）を改めて強く感じることになってしまったのである。

自閉症の子をもつ家族には、自閉症の子どもを連れて避難場所には行けないという強い思いがある。Ｙさんの例に限らず、今回の震災では、避難所に行かなければならないような状況のなか、自宅に留まったりやむなく車中での避難を選択したりした自閉症の子をもつ家族は少なくない。なかには津波で半壊した家の2階を避難場所としていた家族もあった。先の阪神・淡路大震災や新潟県中越沖地震においても、自閉症児・者の車中避難は報道等の中で取り上げられていたところである。

このような選択の理由は、自閉症の人にとって避難所は多くの困難を伴う場所であることと、家族にとっても多大な負担がかかるからであり、家族にとってはそのことを経験せずとも、困難な状況に陥るであろうこ

とはさほど難しい予測ではないのである。

避難所での困難さは、「制度上の問題」と「周囲の無理解」という、ふたつの問題がある。

2）制度上の問題：福祉避難所の問題

制度上の問題とは、福祉避難所の不備である（ちなみに、文中で避難所と避難場所という言葉を混在させているが、避難所には物資が届けられ、避難場所はそうではないという違いがある）。震災当時、岩手に福祉避難所は一つしかなかった。それも沿岸からは遠い場所で、津波被害の被災者はほとんど利用できなかった。この福祉避難所が各地域に、少なくとも市町村単位で整備されていたならば、困難の状況も軽減されていたのではないだろうか。福祉避難所がどのような形であればよいかということは、震災後の様々な場で議論されてきた。次のような意見が印象的である。

①各市町村単位で複数の福祉避難所をあらかじめ整備しておくこと。
②福祉避難所は、障害のニーズ等によって役割を分けること。例えば、高齢者のためのもの、身体障害児・者のためのもの、発達障害児・者のためのものなど。
③自閉症や発達障害児・者のための福祉避難所として、地域の特別支援学校や特別支援学級を指定すること。

避難所における制度上の問題は、今後きちんと整備されていかなければならないと思うが、特に障害のある子どもたちの避難を考えたとき、福祉と教育が連携して考えていくことが重要になっていくであろう。

3）周囲の無理解による問題

避難所をめぐるもうひとつの困難は「周囲の無理解」である。特に、自閉症や発達障害への理解は全く不十分なものであると感じた。自閉症児・者本人の困難さはもちろんのことであるが、それを支える家族の困

難は大きい。

　ことに今回の震災では、母親の負担は甚大であった。津波被害は広域で、安全とされる学校や福祉施設さえも被災した。普段利用している児童デイサービスや日中一時支援などのサービスも利用できなかった。役所そのものが被災し行政機能すら停止してしまった地域もある。そんななかで、自閉症の子どもを守る役割が母親に集中してしまった家庭は少なくない。子どもを安定させ、物資を確保するために配給場所の長い行列に並び、共同生活の中での清掃等の役割分担をこなし、さらには無理解な批判に対して頭を下げることを多くの母親が経験しているのである。

　しかし、Yさんの母親の非常に印象的な言葉がある。

　「体育館にいたときは、落ち着かなくてぴょんぴょん跳ね回ったり声をあげたりしました。その音がドンドンとうるさかったらしく、周りにいた方が、『うるさい』と怒鳴ったんです。でも、その方は、普段いちばん息子をかわいがってくれていた方でした。誰がやったかということもよく見ずに、その方も余裕がなかったのだろうと思います。その後、子どももこの状態は長く続きそうだということを悟ったようで、日中はとにかく毛布をかぶって寝てしまうようになりました。市の雇用促進住宅や母子寮を、お年寄りや障害のある方を優先に貸し出すそうです。わが家は母子寮に入れることになりました。風呂やトイレが共同ですが、ひとまず安心しています。

　実は、私たちはこの子に救われたんです。避難場所は決まっていて、津波が来たときそこに行こうとしたのですが、行くまでに一度土地の低いところに下がらなくてはならないのです。この子が、『そっちに行かない』と言ったので逆のほうに逃げたのです。その避難場所への道は渋滞のため、止まっていた車は全部流されてしまいました。もしそれがなかったら、私もこの子も津波に巻き込まれていたと思います。また、避難してからいろんな方に声をかけてもらったり助けてもらったりしていますが、みな、この子のつながり

のある人たちです。子どもに感謝しています」

　Yさんの母親は、子どもを通して生きる希望と災害を乗り越えていく強さや支えてくれる人とのつながりの深さを感じている。障害のある人やその家族は、震災においては「弱者」である。しかし、そこを中心とした人々のつながりがより深く広く強固になっていくことも事実であり、そのことは、他の周囲の人を巻き込みながら様々な影響を与える大きな力ともなっているのではないだろうか。

(2) Iさんの場合

　Iさんは陸前高田市に住む36歳の発達障害がある成人男性である。東京都内の大学を卒業し、いくつかの就職を繰り返したが長続きせず、実家でひきこもった状態になってしまったときに震災にあった。津波により家と両親、祖母を失い避難所でひとり困惑していた。Iさんにとってこの震災はどのようなものであったのだろうか。

　Iさんが自身を振り返って話す過去は決して明るいものではない。学生時代はいじめの対象であったこと、対人的なコミュニケーションがうまくいかなかったこと、大学卒業後も就職に何度も失敗し自宅にひきこもるようになってしまったことなど、人への不信感と地域社会からの隔絶を感じさせるものである。

　地域社会とのつながりが薄れてしまった頃にこの震災が発生した。津波により家も家族も失い、文字通り孤立無縁になってしまったのである。しかし、震災から3年が過ぎた現在、Iさんは作業所に通い、そこで働く多くの仲間とコミュニケーションを深めている。障害者団体の活動にも積極的に参加し、泊まりがけの旅行に行ったり講演会等の講師やシンポジストとして自身の体験を語ったりしている。さらには、陸前高田市の復興委員として発達障害をもつ者の立場からよりよい街の復興について意見を述べ、行政にも参加しているのである。

　ひきこもりがちだったIさんの震災後からの変容は、人との出会いに

よる。体育館での避難生活でどうしてよいか分からず混乱していたⅠさんに声をかけたのは、地元の福祉施設や自閉症や発達障害に携わるNPOの職員だった。Ⅰさんは、勧められて地元の障害者が通う作業所での仕事を始めることになった。作業内容は、簡単な製品の袋詰やラベル貼りであり、大学の法学部まで卒業したⅠさんにとっては簡単で単純な仕事であったが、充実感を感じたという。なにより、そこで働く利用者の人々や職員とのかかわりは、Ⅰさんに安心感を与え、人とコミュニケーションをとることの楽しさを思い出させてくれた。

以下は、Ⅰさんの言葉である（インタビューに答えて）。

「昔はね、女性に近づくと逮捕されると思っていたんですよ。だから女性には近づけなかった。だけどね、ここのハセガワさんとマチコさんのおかげでね。女性とも話せるようになりました」

「私たち障害のある者もね、何かしら街の復興のためにお役に立ちたい。それでね、いろいろ考えたんですよ。花を植えるなんてどうかな。津波がここまで来たという地点があってね。そこにこう、何らかの目印がある。そこのところにね、花を植えたらどうかな。例えばコスモスとかね。私たちはそんなことしかできませんけど、何かしら役に立ちたいですね」

Ⅰさんは、震災後の生活の中で自分と同様の、あるいは自分よりも重い障害のある人たちの中で生きる力を見出している。またさらに、今では市の復興委員という立場で何らかの貢献をしようとしているのである。

2　支援とは何か ──支援する側とされる側の関係──

さて、この稿のテーマは、「双方向の支援」である。では、支援とは何であろうか。それは、強い者から弱い者への一方的なかかわりなのであろうか。前述のふたつの事例から考察してみたい。

(1) 支援できることへの感謝

　Ｙさんの事例で思うことは、弱い立場の人はより弱い立場の人に助けられているという構図である。この場合の弱い立場とはＹさんの母親である。自閉症の子どもを抱えて身動きもままならない状態は、被災者の中でもさらに弱い立場である。しかし、彼女は、自閉症のＹさんを支援することで、逆に自分自身が元気になったり生きる活力を獲得したりしている。震災という非常時の中で、自閉症や知的な障害があることはさらに弱い立場に置かれることを意味する。しかし、その子のお蔭で様々な支援が集まり、自分たちの周りの絆が広く太くなっていくことを感じてもいるのである。このことは、多くの障害をもつ子どもの保護者が同様に感じている。いや、何も障害のあるなしに限らず、例えば幼い子どもを抱えていて被災した人たちもそのような感情をもつであろう。

　しかし、それはどういうことだろうか。私は、「支援をさせてもらった」ということに気がつくということではないかと考える。人は誰かのために役立ちたいのだ。誰しも誰かのために行動をし、そしてそれを実感したいと思うであろう。自分が何かしたことが誰かに感謝されたり、認められたりすることによって自己の存在意義を感じるのだと思う。社会の中で生きるとはそういうことではないのか。

　震災で実は被災者のすべてが「弱者」になったのである。そして、支援される立場になった。初めはありがたかった。しかし、復興が進み、生活が落ち着き始め、物質的にも精神的にも安定し始めると、一方的に支援されることは少しずつ負担になってくるのである。自分たちももうできる、自分たちの力でやりたいという思いが湧きあがり、次第に周囲へも目が向き始める。今度は自分たちが、まだまだ大変な状況のところへ支援に行こうという思いが出てくるのだと思う。

　そして気がつくのではないか。「支援をする」ではなく「支援ができる」「支援をさせてもらっている」ことの価値を。

私はよく、ボランティアと称して自閉症の子どもたちを町に連れていったり、様々な楽しい行事を企画したりすることがある。最初のころは「〜のために、〜してあげよう」という気持ちであったが、いつの日か、そのことで実は自分自身が充足感を感じていたり、癒されていたりしていることに気がついた。私は自分が与えていたと感じていたものと同等のもの、あるいはそれ以上のものを相手から返されていたことに気づかされる。

(2) 共につくる

　強い立場にいる者が、支援をすることを双方向のものと考え、弱い立場の者に対して感謝をするとしても、それは弱い立場の者から見たらどうなのであろうか。つまり、そういう構図を勝手に作って自己満足しているだけで、支援され続けているだけの人にとってはピンとこないのではないかという思いがある。例えば、「弱者」の立場の人が、「私は支援をさせてあげたぞ」なんて思えるだろうか。

　弱い立場の者にも「自分は役立っている」という実感が必要なのではないだろうか。事例に挙げたIさんは、被災して家も家族もなくしてしまった。障害があり、社会的な地位も役割も持たない、最も弱い部類の立場にいたひとりである。「津波の来た場所に花を植えることでお役に立てないだろうか」という彼の言葉には、弱い立場の自分たちもどこかで何かの役に立ちたい、という思いが感じられる。

　陸前高田市は、市の復興整備計画の中で障害のある人たちを復興委員に任命し、障害のある人も安心して暮らせる災害に強い町づくりを進めている。Iさんは、発達障害のある障害者という立場でこの委員を務めている。自閉症や、発達障害児・者の視点から災害に備えた町のあり方や共生の町づくりについての意見を出しているのである。このように様々な立場の人が、ひとつの「町の復興」という目標に向かって協働していく姿は正に共生社会であり注目に値する。

3 これからの特別支援教育が担うもの
——インクルーシブ教育は共生の教育でなくてはならない——

　本書のテーマは、「震災を特別支援教育の立場から考える」というものである。そして、この章では「双方向の支援」を論じてきた。最後の節で、震災を経て、これからの特別支援教育が担うべきものについて述べたい。

(1) 備えておくべきもの

　まず、大災害に備えておくべきものを「自助・共助・公助」の視点から表1のようにまとめてみた。この中の共助の共生社会の構築の基盤は、特別支援教育の中で担う部分ではないのかと思っている。

(2) 共生社会の構築

1) 自助を

　まず、災害発生直後に必要なものは、自助の力である。自分の身の安全を自分で守る術を身につけておく必要がある。

　津波被害を受けた沿岸地域には「津波てんでんこ」という言葉がある

表1　災害に備えておくべきもの（自助・共助・公助の視点から）

自助	○自分の身を守る術。自分自身や家庭での備え。 　例）・避難の仕方 　　　・自身の障害にかかわる備え（薬、必要な器具、自己アピールカード、サポートブック、安定が図れるもの等） 　　　・家族の備え（非常時の連絡方法など）
共助	○共生社会の構築。支援ネットワーク。 　例）・共に助け合う地域づくり 　　　・自立支援協議会など 　　　・障害者団体、親の会など
公助	○法律や制度の整備などの行政の働き。 　例）・福祉避難所の整備 　　　・要援護者登録と支援の手立て 　　　・成年後見制度などの財産の管理に関する法律など

が、これはまさに、自分の判断で自分の身を守れ、という教えである。沿岸の小中学校では、津波に対する防災教育の中でこのことに触れ、自助の意識を高めている。

　障害のある児童に対しても、まず、自分の身を守るにはどうしたらよいのかを身につけさせなければならない。ハンデを背負う分、そこに対応した知識や技能を獲得することが必要であり、そこは、これからの特別支援教育が担う部分となるであろう。例えば、自閉症の子どもを避難訓練にどうやって参加させるかということも課題としてあげられるのかもしれない。

2）共助を

　次に、大きな災害の中で避難を強いられたとき、共助が必要となってくる。今回の震災では、何週間も避難所での暮らしを余儀なくされたのだが、障害のある方は、とりわけ周囲の人、つまり地域の一般の人々の理解と支援が必要であった。

　地域社会の理解と支援を得ること。すなわち共生社会がつくられているか否かは、災害時に顕著に表れてくる。特に、発達障害のような見えにくい障害の場合は、そのことで、障害者やその家族の受ける困難さの度合いが一変するのである。

　共生社会は、地域の中でつくられていくものだと思うが、その構築の基盤となるインクルーシブ的思考・行動は教育の中で培われていくべきものである。例えば、自分の住む地域から離れた特別支援学校に通う自閉症の子どもが、高等部を卒業した後に、「さぁ、地元に帰って地域の中で暮らしましょう」と言われても、本人も、受け入れる側の地域の人々も、そう簡単に互いを分かり合って生活するわけではないのである。あまり見たこともない自閉症の青年をいぶかしげな目で見たり、不審人物と間違えて通報したりなどという話も少なくないのである。

3）公助を

共に分かり合える存在であるためには、日々の生活を一緒にし、共に関係を育んでいかなければならない。それは、義務教育を中心とした学校教育の中でこそ育てられるもので、行政が行うべき公助である。小さい頃から地域や学校の中で一緒に過ごし、共に遊んだり学んだりする中で体験的に理解しあえるものと、学校教育の中で意図的に行われるものとを大切にしなければならない。

(3) これからの特別支援教育

現在行われている特別支援教育は、支援の必要な児童生徒に向けたものに偏っている。ニーズ教育と呼ばれ、支援対象児童生徒のニーズを把握し、それに沿った支援を行い、児童生徒の障害の改善や克服が主眼となっている。つまり、障害のある児童生徒ばかりが変容を求められていて、その周囲にいるいわゆる健常な児童生徒の変容ということの意識は薄いのである。

国連では、人類の10人に1人が何らかの障害を負っていると報告している。障害は、誰か一部の特別な問題ではなく、誰にでも起こりうる一般的な事象である。ある特定の個人が抱える問題ではなく、地球上のすべての人が共有すべき課題である。生物学的な変異は人類生存のための大切な仕組みでもある。他国では、そのような思想を大切にしてノーマライゼーションの教育を行っているとも聞く。命をつなぐことの宿命として誰かが障害を負わなければならないのであれば、それをみんなで支えるのは当然である、という考えが多くの国で培われているのではないか。

2014年1月に日本は国連の障害者権利条約に批准した。これを受けて教育の中ではインクルーシブ教育システムの構築が図られている。その中で、共生社会のための素地がつくられることを望みたい。

＊　＊

　共生とは共に生きることである。共生社会は共につくるのである。東日本大震災という大きな苦難の中で、「弱者」である人たちが少しずつ力を取り戻し、町を復興させるさまは、「〜のためにつくる」から「〜と共につくる」ということを私たちに教えてくれたのである。

引用・参考文献
1）中野善達（編）『国際連合と障害者問題——重要関連決議・文書集』エンパワメント研究所、1997年

===== 座談会 =====

「障害」から問う3つの課題——共生社会、防災教育、教育復興ニーズ

日　時：2014年8月10日　　　会場：東北大学大学院教育学研究科内
出席者（敬称略・順不同）：

櫻田　博　前宮城県立拓桃支援学校校長（震災発生時　宮城県立石巻支援学校校長）
野澤令照　宮城教育大学教育復興支援センター副センター長（震災発生時　仙台市教育局次長）
熊本葉一　NPO法人いわて発達障害サポートセンターえぇ町つくり隊代表
　　　　　　（震災発生時　花巻市立笹間第一小学校教諭）
田中真理　九州大学教授（震災発生時　東北大学大学院准教授）
菅井裕行　宮城教育大学教授（震災発生時　現職と同じ）
川住隆一（司会）　東北大学大学院教授（震災発生時　現職と同じ）

＊現職は、座談会開催時点。

司会　本日は、「『障害』から問う3つの課題」というテーマで、今回の東日本大震災やその後の震災復興を障害のある方の立場、あるいは特別支援教育の立場からどのように考えていったらよいのか、ということについてご意見を伺いたいと思っております。

　本題に入る前に、自己紹介を兼ねて先生方が震災時やその後にどのような活動をされてこられたのかをお話しいただき、その後、第一に、共生社会の実現ということが叫ばれる中で、震災がどのような問題を投げかけたのかということについて、第二に、共生社会に生きる人材育成のための防災教育のあり方について、第三に、各学校の教育復興ニーズの把握のときに障害のある人のニーズの把握をどのようにやっていくのかということについて、話し合いたいと考えております。

　では、櫻田先生からお話をいただければと思います。

震災を通して体験したこと

櫻田　櫻田博です。この春（2014年3月）に県立の拓桃支援学校を定年退職しました。震災時は石巻支援学校の校長でした。2011（平成23）年の3月11日、石巻に赴任した1年目の3月に震災を経験して、2年目に震災からの復旧・復興に携わりました。3月11日から5月8日までの約2カ月間、避難所を運営しました［詳細は第6章参照］。

ここにおられる菅井先生や県内の特別支援学校の先生方にも助けていただきました。いろいろな方の助けがあってなんとかその避難所の運営や震災からの復興ができたということです。大変なこともありましたが、人の温かさとか、子どもたちの弱さだけでなく強さということも発見したのではないかと私は思っております。

　私の立場とすれば、大事な4人の児童を亡くしたという本当につらい震災ではありましたが、その中から、やはりしっかり学びなおしをして、どう次世代につないでいくのかというのが校長としての使命、立場なのではないかということで、2年目に震災から学んだことについて記録集を作りました。私は現場を退職した人間ではありますが、もし何かお役に立てることがあれば恩返しということになるのではないかと思い、今日は出席させていただきました。

野澤　宮城教育大学教育復興支援センターの野澤令照と申します。震災時は仙台市教育委員会に勤務をしておりました。市内に200校ほどの小・中学校があるのですが、安否確認が1日目で終わったのが40数校でしたでしょうか。それしか連絡がとれないで、いったいどのような状況なのかと非常に不安な中で1日を終えたことを覚えています。その後は2週間近く教育委員会の中で詰めましたが、それから徐々に各学校の様子が分かってきたという状況です。

　翌4月に小学校校長として現場に出まして2年間勤務し、2013（平成25）年3月に定年退職をいたしました。その後、宮城教育大学の教育復興センターに勤務し、今年2年目になります。センターでは、震災直後から学生を被災地に派遣して支援をするということから始めて、その後学生のボランティアを中心にさまざまな取り組みをしています。さらには、復旧から復興に向けた取り組みとして、これから何が求められるのかということでセンターとして今後に生かせるような取り組みを今、研究部門さらに実践部門に分かれて取り組んでいます。

　その中で、地域コミュニティとのかかわりが非常に大事だということから、宮城教育大学としては初めて、市民向けにコミュニティ再生という視点で、講座を開くという取り組みも進めています。これは文部科学省の支援を受けた事業となっています。

熊本　熊本葉一といいます。現在、岩手県の二戸市立福岡小学校でLD等の通級指導教室の担当をしております。震災時は、花巻市の笹間第一小学校で

特別支援学級の担任をしておりました。私は岩手県自閉症協会の会長で、息子が自閉症です。それから「NPO法人いわて発達障害サポートセンターえぇ町つくり隊」というNPOを運営しています。本日はそのNPOの代表として出席しました。

震災のときは、教員としてどう動いたかというよりも自閉症協会として、あるいは発達障害サポートセンター、NPOとしての活動が中心になりました［詳細は第9章参照］。

私は内陸の一関におりましたが、震災後すぐに沿岸各地を回って支援活動をしていました。その中で見えてきた自閉症の子どもたちや家族の避難をしているときの困難さをいろいろサポートをしてきました。そのときから考えていることは、東京の自閉症協会本部とともに災害を受けた自閉症の人たちを理解するためのサポートブックであるとか、そういうものを作ることです。大地震とか水害とかはこれからも必ずあるわけなので、そういう災害に備えておくべきものは何だろうかということと、それから実際に被災したときにどのような支援ができるのだろうかということを考えてきました。

なかでも一番は、やはり自閉症の方たちの被災地での、避難所暮らしの中での大きな困難というか、そういうものを支援するためにはやはり地域の理解とか、社会的な理解が必要ですが、そういうものが実はまったくなかったんだな、ということです。そこで、地域の理解を得るために何が必要かと考えたときに、私はやはりそれは教育の役割なのではないかと思いました。

特別支援教育ということで、その子のニーズに応じた教育ということを一生懸命やってきたわけですが、もう一方で、障害のない子どもたちに対する理解教育といいますか、そういうものをやはり通常の小学校、中学校の中で教育をしていくということが必要ではないかと思っています。その部分はこれまで特別支援教育という中でおそらくそんなに注目されてきていなかった部分ではなかったか、だけどインクルーシブ教育システムということが言われるようになって、今度はそちらのほうにおそらく視線がいくのではないか、と思います。

菅井 宮城教育大学特別支援教育講座の菅井裕行と申します。震災との関係では大きく分けると3つくらいのことをやってきたと思います。

ひとつは震災発生直後、普段から障害の重い子どもたちとかかわることが多いので、たまたま日ごろから仕事を

一緒にしている宮城県の医療療育センター小児科の医師であった田中総一郎先生［現東北大学大学院医学研究科准教授］と障害の重い子どもたちの安否確認を始めました。その中で、おむつが足りないということが分かりました。さまざまな物資が震災後入ってくるのですが、重度・重複障害の子どもが必要なおむつがなかなか入ってこないということで、なんとかならないかというニーズを聞きつけて、それで田中医師が私たちのネットワークを使って全国にメール等で発信しましたら、各地からたくさんのおむつが集まってきました。

ふたつ目は、ちょうど3月の終わり頃におむつ配りの過程で櫻田先生がおられた石巻支援学校を訪問したのです。そこが避難所になっていて、大変な状況でした。櫻田先生からも、ぜひ若い学生たちの力を集めて応援してくれないかというご依頼を受けて、すぐに大学に戻り、特別支援教育専攻の学生たちに呼びかけまして、チームを組んで約1カ月間、学生とともに石巻支援学校に行って、避難所運営のお手伝いをさせていただきました［詳細は第2章参照］。

3つ目は、そういった経験を個人の中で終わらせるのではなくて、ぜひいろいろな人たちと共有すべきであると、これもいろいろな人から言っていただきました。それで、重症の子どもたちの震災経験とその支援について、震災から1年が経ったところで、支援にかかわったみんなで1冊の本にしまして、ハンドブックというものを作りました。それから、ハンドブックを出したことがきっかけで、いろいろなところから呼んでいただくことが増えまして、今回の震災で障害のある子どもたちがどういう体験をしたか、それから特に避難所であった石巻支援学校の体験とはどのようなことであったかということについて、これまでかなりの数のところでお話をさせていただくことができたと思います。大きく、以上のような3つのことがあります。

田中 田中真理と申します。震災当時は東北大学におりまして、この春（2014年4月）から九州大学に異動しております。震災に関する活動としては、大きく分けるとふたつです。

ひとつは、もともと行っていた発達相談（私は発達障害のある子どもたちを中心に臨床をしておりました）の中での活動（親族が亡くなったことを子どもにどう伝えるかなどのご家族の相談や、まだ学校再開前にレスパイトもかねての遊び場の提供など）と、それから震災体験に関する支援学

校やその児童生徒の親御さん、当事者の方を中心とした聞き取り調査という大きくふたつの柱で進めてきたところです［序章参照］。

私は、内閣府のホームページに出ている、あるいは各自治体から出される一般人口比に対する犠牲者の死亡率について、障害者手帳を持っている人と持っていない人のうち、障害者の死亡率の格段の高さに非常にショックを受けました。この死亡率の違いの中に何があるのだろうかということを具体的に知りたいし、今後起こる災害ではこの差を絶対に埋めなければいけないという思いでいますが、今そういった調査や実際のかかわりを通して、地域力ということがひとつあるのだろうと思います。よく、自助、共助、公助と言われますが、まず公助は機能しなくなる。やはり共助の力が今回はとても強かったなと思い、地域の力ということを改めて考えさせられました。

ふたつ目は、大学にいますので、学生の教育ということを考えます。やはり、非日常に対応できるには、日常の関係性とか日常の教育活動とか日常の積み重ねがないと、非日常・非常時の中では動けないということも非常に痛感いたしました。非難所の中で、いろいろな障害のある子どもたちへの適切ではない対応を作っていることについて、そうならないために、日常的に共生社会で生きる人材をわれわれは教員として育成していかないといけない、日常の中でそういった人材の育成ということを常に考えておかなければならないなということを感じたということです。

それからもうひとつは、発達障害ということで、特に知的障害や肢体不自由とは違う、可視化できない、見えにくい障害に関しては、そういった社会的脆弱性がより浮き彫りになるということも非常に強く感じました。

以上のような視点をもって今後も取り組んでいきたいなと思っています。

司会　川住隆一です。東北大学で発達障害学分野を担当しています。私は、震災時点は東京にいて仙台に戻れず、帰宅難民としての経験をしてきました。

私も大学において、障害の重い子どもたちのコミュニケーション支援に関する家族の養育相談をやっていましたので、まずは私がかかわっていた医療的ケアを必要とするような子どもたちの保護者に、震災直後の体験について聞き取り調査を行いました。そのときは仙台のお母さん方だったのですが、そのお母さん方を通して、岩手県内陸部の一関、沿岸部の釜石と大船渡のお

母さんグループとのつながりができて、そのお母さん方からも、どういったところが大変であったのか、子どもさんの様子はどうだったとかということを学生と一緒に聞いて回りました〔詳細は第1章第2節参照〕。

そういった聞き取りの経験を踏まえて、今回の企画で何か役立つことがあるのではないかと考えています。

課題1：震災が共生社会の実現に向けて問いかけたこと

司会 それでは、最初の課題、震災が共生社会の実現に向けて問うたことはどのようなことなのかについて、話し合っていきたいと思います。

櫻田先生から地域の方々も一緒に受け入れて、たくさんの方々の支援も得てというご経験をされたそうですが、その支援の中には地域の方々も入っているということになりますよね。

櫻田 はい。避難所では最大で81人の人がおられました。その中に在籍した子どもは延べ13人いました。〔震災があった翌週の〕月曜日に石巻日赤病院からお年寄りなどをみてくれないかという依頼があって、全介助が必要な方もふくめてお年寄り21人を引き受けました。81人の中に出入りはあるけれども在校児童生徒13人と、高齢者、しかも夜間徘徊したりおむつが必要だったり自分のことが十分できない高齢者でした。ほとんど全員が車いすで来ました。それで私は今にして思えば、あそこはまさに共生社会であったのではないか、お年寄りもいるし、障害のある子もいるし、障害のない小・中学生、高校生もいました。本当に小さなコミュニティだったのではないかと思いました（後からですが）。

ただし、先ほど「見えない障害」という言葉がありました、自閉症とかですね。震災1日目の金曜日から、土、日は自閉症の子たちは体育館にいたんですが、体育館は非常に広くて寒いので、効率も悪いので1階の教室のほうに移っていただいたのです。ただし、一人ひとりに個室というわけにはいかなかったので、比較的大きな部屋に自閉症の子も数人一緒に入らざるを得ませんでした。

その中でちょうど5日目の夜だったと思いますが、ある小学部の子がパニックを起こしたんです。私も寝泊りしていたのですが、夜中にものすごい悲鳴が聞こえてきました。結局その日の夜はそこで過ごすのは難しいということで、別にある小学部の棟でトランポリンをしたり、家族の方もそちらで休んでもらうということにしました

[詳細は第5章参照]。

次の日、自閉症ということで心理的なストレスがある、こういう大きな集団の中では難しいということを本校の教員の方から[避難している方々に]説明をして、そしてその家族ともう一人別の自閉症の子どもがいたのですが、個室対応として別の部屋へ移っていただきました。

あの子は最初は立派だったんです、どこにいるのか分からないくらい我慢して我慢して、布団をかぶっていました。布団をかぶって感覚遮断をして、できるだけ刺激を入れないという自分なりの工夫をしていたのです。ところがずっとそういうわけにもやはりいかなくて、とうとう爆発してしまう状況になったんです。

[周りの人にとっては]生活を共にすることによって、その子のかわいい部分も見えたと思うし、つらい部分も見えたり、いわゆる障害特性ということを知る機会になったのではないかと思います。

結局、交流および共同学習と言いますが、そういう実体験を共に何かを行わないと、本当の学びとか理解などはできないのではないかと思いました。いろいろな生活場面でのつらさとかを見ながら理解して、その子にとって良い環境にしてあげたほうがいいよね、という理解があったと思います。避難してきた地域住民の方からは、この子らが個室に移ることについてほとんど抵抗はありませんでした。〝何で特別扱いをするのか〟というような苦情や批判はありませんでした。

田中 そこに対する不公平感からくる批判などはなかったのですね。

櫻田 はい、ありませんでした。避難所のそういう出来事を通して、実はあれが小さな共生社会ではなかったかと今にして思うのです。ですから、普段からそういう仕組みづくりを学校は意識していかなければいけないと思います。

教育課程の中でとか、交流および共同学習とかをどう積み上げていくのか。それは、特別支援学校だけではなくて、小学校も中学校も高等学校も同じ、フィフティ・フィフティの関係です。障害のある人もない人も、人として尊重されるという意味ではまったく同じで、障害がある子どもがいる特別支援学校だけが努力するのではなくて、当然、小・中・高校にも発達障害を含んだそういう方はいますので、そういう視点で交流および共同学習をどう積み上げていくのかというのが非常に大事なのではないかと思います。

司会 熊本先生、今のお話を受けて何かご意見はないでしょうか。先ほど、まだなかなか理解が進んでいないという話が出ましたが。

熊本 いろいろな人の話を聞いてみると、いろいろなところで家族がつらい思いをしている、まだこんな理解なのかと思うようなことがたくさんありました。

例えば、体育館の中で走らせるなとか、どんな教育をしているんだとか、あるいはみんなが並んでいろいろな物資をもらわなければならないのに［障害のある子どもの］親はその子についていて列に並べないからもらえなくて、それで「お願いします」と言ったときに「みんなつらいんだから」というようなことを言われたとか。あるいは逆に、掃除当番とかトイレ当番とかを分担してやるようなときに、「あなたはそういう子がいるから、いいよ、やらなくても」と言われる。それは思いやりで言ってもらったのだけど、それを非常に負担に感じたりとか、というように。実は私も自閉症児の親ですが、内陸でも沿岸でも、環境が変わって子どもたちがパニックになったり、落ち着かなくなったときに、意外と周囲の理解はないんだな、ということは感じました。

それから、共生社会を生み出すためには、やはり共に生活をする、その通りだと思います。ただ、［子どもたちを］分けていて共生になるのかという親ゆえの率直な思いがあります。

それで私は、支援学校の交流とか共同学習とかは、非常に計画的に意図的に進めなければならないことであると思います。けれども、共生社会を築いていくのだということを、公立の小・中学校あるいは高等学校の中では多分まったく教育などはしていない。私は自分が小学校の教員だから分かるのですが、通常学級の子どもたちに向けて共生社会を築きましょうという教育をどこでやっているかというと、どこもやっていない。岩手でも復興支援教育というのがあって、道徳の授業の中で命を大事にしましょうとか、あるいは、避難訓練の中で避難のあり方ということを勉強するのですが、そこに障害のある子どもたちも含めて助け合いながらとか、あるいは、障害のある人を理解してとかいうことがまったく、視点として欠けているのではないかという思いは多々あります。

私は今、福岡小学校というところで教員をしておりますが、私たちの学校では、わずかながら道徳の復興支援教育の中で共生というテーマの下にやっ

ていきましょうということで、私がときどき話をさせていただくことがあります。そのなかで、障害がある子どもが生まれてくるというのはやむを得ないことだと、何パーセントかは必ず障害を持って生まれてくることを、やっぱり、教育の中のどこかで触れていかなければいけないのではないかと思っています。そういう理解を通常学級の子どもたちにどこかでうながしていかなければいけないのではないか。そうすれば、障害をもって生まれてきたのはもしかしたら自分だったかもしれない、この子が障害をもって生まれてきたのだということへの理解の下に、障害のある子に支援をするのは当たり前だという教育をやはりやっていかなければいけないかな、と思っています。

　特別支援教育、ニーズ教育といって、障害のある子にばかり〝障害を克服しましょう〟とか〝障害を改善しましょう〟とか言うけれども、周りの子どもたちに対しても、この子はそのままでもいいような人的環境を作りましょうとか、理解できるものをやっていきましょう、とかになればまた違ってくると思うのです。それでいざ災害が起きて避難しなければならないときに、そういう地域力が大事だとするならば、その地域力はどこで作られなければならないかといえば、私は、教育の中ではないかと思います。

司会　今、先生がおっしゃったのは、ただこれまでやってきた交流教育ということだけでは十分ではないということでしょうか。

熊本　そうですね。今、実際に交流教育といわれたときに、支援学校の先生方が一生懸命になってそういう活動の計画を立ててくるのですが、通常学級や通常の学校の姿勢は受け身なんです。じゃ、受け入れてあげましょうか、年に1回とか2回やらなければいけないか、というような感じなんです。そうではないだろう、と私は思います。通常学級の先生方がもっと意識を高めて、むしろ自分たちから積極的に、やはり自分たちも同じフィフティ・フィフティの立場に立って、この子も地域の子どもなんだという認識をもって、そこで共に暮らしていくためにはどうするかということを、一緒に計画を立てなければいけないだろうと思います。

菅井　先ほどおむつの話をしましたが、おむつが足りなくなったときに、どこにおむつがあるかと方々連絡を取り合いました。結局行きついたところは、元々の製紙会社なんです。しかし、製紙会社のしかるべきところまで電話が届かなければ多分だめだろうというこ

とで、八方手を尽くして、たまたま知り合いを通してそれなりの部署に電話がつながったんです。そこでその方がおっしゃったことは、「緊急事態であることはよく分かります。しかし今、国から私たちが言われていることは、その供給をとにかく絶やすな、ということです。でも実は工場も被災していて非常に厳しい状況だけれども、今もっともニーズのある、つまり子ども用と高齢者用のものをとにかく積極的に出さなければならない状況です。(障害児のための)そういうニーズかあるということを今聞いて、なるほどとは思いますけれども、私の判断で会社を動かすことはできない」と言われました。

では、どうしたらよいかと私は聞いたんです。そうしたら、「国から言ってもらえればすぐ動きます」ということで首相官邸の電話番号まで教えてくださったんです。え、私が官邸に電話するのか？ と思って、他の何人かに聞いてみました。そして、官邸は電話は受け付けるけれども、その意見が本当に政策に反映されるまでにどのくらいかかるか、おそらく反映はしないだろうと思いました。それで私は障害者フォーラムとつながって、団体として意見を言わなければだめだな、と思ったんです。

そのとき思ったことのひとつは、これはマイノリティのニーズなんですよね。おむつはその象徴的なものです。そういったマイノリティのニーズへ緊急時にいち早く対応できるためには、ある意味でトップダウンがやはり必要なのではないか。今、熊本先生のお話を聞いていて、子どもたちの意識をいかに育てるかということも、確かにボトムアップで大事ですが、その教育を推進していくためのいわば舵取りみたいなものには、ある意味トップダウンが必要ではないでしょうか。

それこそ、共同交流学習は30年、40年前からずっと大事だと言われているんです。でも今の現実は、熊本先生がおっしゃられた通りですよね。ここをもっと実質的なものにしていくためには、ある部分、トップダウンによって制度化するとか、教育課程の中に必ずそういうものを盛り込んでいくようにする、といったようなシステム化していくということが重要になるのではないかと思いますね。

司会 田中先生、今のお話を伺って何かご意見はありませんか。

田中 はい、震災後に私が障害のある子どもの保護者へインタビューさせていただいた調査結果でも、対象者の8割以上が避難所を利用できないと考え

ていることが分かりました。この背景には、やはり熊本先生が今言われたように、避難所の中でどれだけ傷ついたかといった社会的排除の構造を突き付けられたというエピソードは数多く挙げられました。

　この構造をなくしていくためのひとつは、日常を共にすることだと思いますが、特別支援学校の子どもたちは、校区が広範囲のために、それぞれの居住区での地域とのかかわりはほとんどないということは想像に難くないです。こういうことに対して、菅井先生のおっしゃるようにトップダウンによるシステム化が最も早く最も大きな力となるとは思うのですが、なかなか難しい側面もある。じゃあ今すぐにでもできることは何か、ということを一つひとつ考えていかなければならない。

　小・中学校で今、防災教育として全国でどういうことをやっているのか調べてみたところ、障害児を必ず念頭に入れた避難訓練をやっているところが複数あるんですね。例えば、大分県のある小学校では通常学級の児童が特別支援学級の児童のどの子を手助けするのかという約束事を決めて対応をする防災訓練をしていたり、静岡県のある小学校でも特別支援学級在籍児童が素早く避難できるような対応や、児童が落ち着くように特別支援学級の児童だけが集まれる部屋をあらかじめ決めておくなどの防災体制が展開されていたりするようです。そういった防災教育の取り組みの実践例をボトムアップ的に積み重ねていくことで、多様な人々で構成されている共生社会で求められる人材を育成していくことをやることが、当面すぐに取り組めることではないかと考えています。

野澤　私も震災後の避難所の状況について、各学校長に、電話をして調べました。それで如実に現れたのが、日ごろから地域とつながりが深い学校では、震災発生の次の日には自治組織が出来上がっていたことです。先生方が安否確認だけに専念できた。ところがそれができないところでは、延々と２週間、３週間と本来の業務である安否確認をしながら避難所の運営に教員が携わらないと回らなかったということが実はありました。地域とのつながりがやはり日ごろから広まっていけば、われわれが求めていくものにつながっていく。どうしたらそれがすべての学校でできるようになるのか。

熊本　地域の人皆が分かってくれなくてもいいけれども、地域の中に、理解してくれる核となる人がいるかいないかということが大きな差ですよね。

花巻市（岩手県）はそんなに大きな被害は出なかったのですが、花巻の自立支援協議会を運営している方がおられて、その方は花巻市内の発達障害の子どもはすべて分かっている。宮古とか、釜石には相談専門支援員さんのような核になる人がいる。岩手の支援学校には、エリアコーディネーターとかがいるのですが、一方で花巻のように自立支援協議会を中心になって運営してくださる方がいて、それぞれの立場で教育だったり福祉だったり、その地域の核となる人がしっかりといると非常にいい支援のネットワークができるなという感じですね。

課題2：防災教育における障害児・者の位置づけ

司会 それでは、今の話も含めて、ふたつ目の課題に入っていきたいと思います。

宮城教育大学の教育復興支援センターでは、防災教育のことが検討されているとのことですが、野澤先生から現状について、先ほど障害のある子どものことを最初に考えるのだという他県の例がありましたが、これらを含めてお話いただきたいのですが。

野澤 先ほどの熊本先生のお話を聞きながら、障害をもった子どもたちに対するその思いがいろいろな防災教育の場で十分に生かされているかというと、決してそうではないと思います。実は私はたまたまここに持ってきたのですが、仙台市も作っていますが、県も防災に関する副読本を作っています。ところがこの中には、防災そのものに対するすべての児童に共通した指示というものはありますが、障害をもった子どものことはなかなか書ききれていません。そこまでやはり目がいっていないんですね。

先ほどマイノリティということを菅井先生がおっしゃいましたが、私がたまたま知り合いであるアレルギーをもったお子さんの親御さんの話ですが、災害を見越してアレルギーの子どもたちが食べられる備蓄がちゃんとなされていたというのですね。ところが、あの状況下の中で食べられるものは全部配るということになったものですから、アレルギーの子どもたちに配るべきものを一般の人たちにも皆配ってしまった。結局、アレルギーの子どもたちは食べるものが手に入らないで、非常に苦しんだそうです。

やはり、そういう障害を抱えた子どもたち、あるいは何かしらの支援が必要な子どもたち・人々のことをもっとしっかりと知らせることが必要ではな

いかと、強く感じました。

　それから、私どもは防災教育でとどめるのではなくて、さらにその先にあるものを見据えた教育を創ろうということが必要ではないかと強く感じています。防災ですから災害があったときの対応はいろいろなところで見えてきているものがあるし、かなり練られてきていますし、従来のものよりはかなり質の高いものが生まれてきていると思うのです。しかし今回の震災をきっかけに、子どもたち自身も大人も、生きるということに対しての意識が、あるいは価値観が大きく変わったと思います。それを受けて、防災教育からさらにその先にあるのは、まさに人の生き方までに踏み込むような教育を被災したわれわれから発信をしていく必要があるのではないかと強く感じているところです。

　そのなかには、熊本先生が懸念されていた、インクルーシブ教育の本当の姿といいますか、求めるべき姿というものが見えてくると思います。先ほどから、なかなか理解が深まらなかったという非常に耳の痛いお言葉でしたが、交流学習の中で普通学級の担任の意識が受け身だというのはまさにその通りだという気がします。やはり、そのあり方を考えたときに、受け身じゃなくて、むしろそこから攻めていくための、それを使いながら通常学級の子どもたちに生き方を考えさせる、そのような教育創り、まさに共生社会を生きるための教育を切り開ける可能性もあるのではないかと思います。そういうことをもっともっと強く訴えていくことが必要なのではないかということを先生方のお話を伺いながら感じていたところです。

司会　櫻田先生、支援学校では防災教育というのは、防災訓練と重なるというか、どのように行われているのでしょうか。

櫻田　障害の種類は5種類あるので、それぞれ障害に応じたやり方があると思います。

　いわゆる今言った地震想定とか火災想定の防災訓練は、［宮城県内で］現在21校あるどの特別支援学校もやっていると思います。おそらくカリキュラム上は特別活動とかでカウントしているのではないかと思います。例えば、準ずる教育課程のほうでは社会科とか理科の中でやっている。拓桃支援学校であれば、準ずる教育課程の場合、教科領域との関係の中に防災教育に関係する要素はいろいろと入っています。

　ところが、知的障害の子どもの場合には、教科書を使って行うことはなか

なか難しいので、例えば領域・教科を合わせた指導の生活単元学習とか、そういった中でひとつの課題単元としてやっていく方法があると思います。一番は、宿泊学習あるいは修学旅行とかで、私が石巻支援学校にいたときも拓桃支援学校にいたときも必ず、避難訓練をしていました。新しいところに行って新しい施設で地震があった、火事があったとなればパニックになりますので、必ず避難訓練をしたのです。そうでなければ、校長としてはその活動を認めない。必ずいろいろな見学をして、ホテルに着いたら最初にやるのは避難訓練なのです。

司会 なるほど。

櫻田 先ほどトップダウンという話がありましたが、そのように校長の危機管理意識というのが非常に影響すると思います。起案が上がってきたときに、きちんとそのような目で見ているのか、そこでチェックできますから。もちろん職員会議でも話しますし、そういうことによって育てていくというのがやはり大事なのではないかと思います。

日常の教育活動の中に、やり方さえ工夫すれば、子どもの命を救う活動とか、ちょっとしたアイデアでできると私は思います。1時間ずっとそれをやらなくても、ちょっとした時間を活用して、ありとあらゆる場面で、つまりいかに日常の教育活動の中に意識して入れ込んでいくかということだろうと私は思います。

障害種別によって障害特性が違うので、その障害種別や発達段階に合わせたやり方については各学校で工夫しなければならないと思いますが、発想としては、とにかくいろいろなところにアイデアを入れ込んで、可能ならば系統的・発展的・計画的につながっていくようにしていく。特に知的障害の場合は、座学だけでは難しい。

私の失敗は、石巻支援学校に赴任した1年目に、津波の避難訓練をしていなかったことです。津波は同校までは来なかったのですが、学校の管理下内だけで考えていてはだめなのだということを私は勉強しました。学校にいるのは、生活のわずか何割かの時間ですから。亡くなった4人の子どもたちは全員、管理下外の家庭で亡くなったのです。ですから学校教育の中でもし津波を想定した訓練をやれば、あの子どもたちの中には死ななくてもよかった子もいたのではないかと思っているのです。これが私の最大の失敗です。

ですから、常に学校の中だという発想ではなくて、子どものライフスタイル、1日の生活のトータルとしてイ

メージをもって学校教育の中で何ができるのか、そういう視点に立たないと、本当に子どもの命は守れないのではないかと私は思っています。そういうことを学習させていれば高いところに逃げるなりができたのではないかというのが私のずっと抱えてきた悔いです。

それ以来、石巻では津波を想定した避難訓練はやっているのですが、震災前の私にはそういう発想はなかったですね。

菅井 先ほど田中先生が、障害のある人の死亡率の高さということを話題にされて、新聞発表でも身体障害者手帳を持っている人たちは通常の人たちのだいたい2倍から3倍くらいというニュースがありました。そういう中でこれもニュースになりましたが、石巻市の牡鹿地区はその割合が低かった。なぜかというと、日ごろから地域の避難訓練をやるときに障害のある人がどこにどのくらいいるかということを皆が分かっていて、普段からそういう人たちを含めて避難訓練をやっていた。ですから、いざと言うときには誰さんが誰さんを負ぶって行くということがみんな決まっていたというんです。

その話を聞いたときに、これは本当に障害のある子どもたちに必要なことだなと思いました。私は障害の重い子どものことを真っ先に想定するのですが、その子たちが自らを助けるということは難しいわけです。やはり助けてもらわなければならない。そういったときに、助けてもらえるひとつの仕組みというものをどう日常の中に作っているかということですよね。

ここが、特に先ほども話題にあったように、県立学校の子どもたちには厳しいところだと思うのです。子どもによってはスクールバスで1時間半もかかって学校へ通っている。そのため、居住地域とのつながりが薄くなってしまうのが普通ですよね。そういう中で、どうすれば地域の中で何か事があったときに自らが助かるような仕組みを作れるか。その仕組みづくりは誰がやっていくかということですね、次の課題は。何もかもが学校というわけではないですが、やはり学校とその子どもの居住地域との何らかのつながりの中でそういうものを作り出していくということが必要ではないかと思います。

司会 熊本先生は、今、福岡小学校の特別支援学級の担任をされているということですが、先生の学校で、障害のない子どもたちと障害のある子どもたちの防災教育はどのようになされているのでしょうか。

熊本 通常学級の子どもたちについて

は、自分たちがどう助かるかという、自助の意識というものはとても高くなってきていています。避難訓練のやり方がいろいろ変わってきています。

例えば電源が落ちた場合を考えて避難訓練をやろうとか、あるいは、避難後避難といって、避難場所に避難したけれどもそこも危なくなってしまったときにどうしたらよいかとか、あるいは登下校中にもし大きな地震があったらどうしたらよいかというようなところを考えるようになってきたというのは大きな変化だと思います。沿岸地区であればもっと地域を巻き込んだ避難訓練になってきたと思います。ですから、自助といいますか、自分がどう助かればいいかということについての意識は確かに高くなってきたと思います。

それから、支援学級にいるような子どもたちについては、今までは、避難訓練には別に出なくてもよいみたいなところがあったのです。特に自閉症の子どもは、非常ベルとかをすごく嫌がって、あるいは急にわっと連れ出されてそれでパニックになることがあるので、そういうことになるのであれば無理に避難訓練に参加させなくてもよい、というような意識があったのです。でも震災を経て、やはりそういう子どもたちこそ避難ができなければならな

い、だから、特に自閉症の子どもたちを、あるいは今まで避難訓練に参加していなかった子どもたちをどう訓練に参加させるかということが、今、岩手では課題になっているかなと思います。

今、お話を聞きながらさらには自助から共助というところを教育していかなければいけないのかなと。まず自分が助かるということが大事ですけれども、支援学級の子どもたちとか、あるいは低学年の子どもたちとかをどうお世話をして、どう避難させていったらよいかということも考えていく必要があるかなと思います。

菅井 東京あたりで、あるいは南海トラフを気にしているあたりでは、小中学校で地域の人たちと一緒になって避難訓練をやるということが始まっているという話を聞きます。実はこの３月に卒業した私の学生が、宮城県内の全特別支援学校を対象に避難訓練のことについてアンケートを送って調べさせてもらいました。

その結果、地域とのつながりの重要性ということについては、どの学校も意識がものすごく高いことが分かりました。しかし、地域とつながって何か取り組みをされていますか、という質問には回答がないんです。地域と一体となって行う避難訓練についても、ま

だやっていないということで、回答はゼロでした。でも、そういうことが重要だという認識については、本当に細かく書かれているのです。

熊本 2012年に東京都でデザインを統一した、「ヘルプカード」を作りましたよね〔統一的な記載項目は最小限にし、区市町村が実情に応じて独自の項目や活用方法を作成するもの〕。そして、作っただけでその使い道が分からなかったり使えなかったりすれば何の意味もないということで、各地域ごとの有志の人たちが「ヘルプカード」を使った避難訓練を学校と一緒にやりましょう、というようなことをやっていましたね。

岩手でも、「SOSカード」というものを作ったのですが、作っただけで使えなければ意味がないなと思っているのですが、そういうものを使った避難訓練とか、そういう具体的な、これはどう使えばいいかというような、その子が実際に体験できるようなそういうものをこれからたくさん企画してやっていけるといいなと思いました〔仙台市の「ヘルプカード」については第2章参照〕。

司会 その「SOSカード」は障害のある子どもが持っているのですね。

熊本 そうです。いつも携帯しているものです。名前と自分の特徴とか、このようなときにはこうしてください、というお願いなどを書いて。でもせっかくこういくものを作っても実際に使えなければだめなので、市町村でこれを使った避難訓練をやってくださるとすごくいいなと思っています。

課題3：教育復興ニーズの把握における障害児・者の位置づけ

司会 それでは、3つめの課題に進みたいと思います。震災復興というと扱う範囲が広すぎることが考えられますので、絞って考えたいと思います。

野澤先生がおられる宮城教育大学の教育復興支援センターのホームページには被災地学校の「教育復興ニーズ」の把握というような文章がありましたが、野澤先生、これは被災した学校のニーズでしょうか。沿岸部では統廃合もかなり進んでいるかもしれないと思いますが、ニーズ把握に関してはどのような現状でしょうか。

野澤 沿岸部が特にそうですが、かなりの数の学校が統廃合されるとか、仙台市内でも廃校が決まった学校とか、そういう状況が生まれています。そういう中にあって今後どのような生活を子どもたちがしていけるのかを危惧してしまいます。震災から4年目に入って、今はどこの地域でも同じような結果が出ているのです。

司会 荒れているということですね。

野澤 そう、荒れているんです。今までなかった症状というか、子どもたちが非常に落ち着かなくなったり、不登校であるとか、マイナスの症状が増えている。でもそれは、突き詰めていくとやはり大人が不安だということなのですね。つまり、経済的な意味での自立に対して、まだまだ先行きが見えないどころか、以前よりももっと厳しくなっている。そういう中で年月が経てば経つほど耐えられなくなってきている姿がある。実は大人の姿がそのまま子どもに反映しているということがよく言われています。

そういう意味では、ソーシャルワーカーであるとか、さまざまな人の力が必要ではないかと思います。まず子どもよりも、大人を支えなければ、という非常に大きなニーズが出てきています。そこがなければ子どもを十分に支えきれないところが実はある。そういうことが、今被災地を回っている中で見えてきているところです。

例えば、仮設住宅から復興住宅に替わる方々とか、あるいは新しい家を建ててそちらに移られる方々とか、やはりそういう人たちのある種のコミュニティづくりをサポートすることで、何とか心を支えることができないか、ということを今考えているところです。阪神・淡路大震災の経験から、やはり仮設住宅から復興住宅に移ったときに、何年経っても自治会の組織自体が生まれてこないということがあるのですね。そうであれば、仮設住宅から移ったその初期の段階からそのコミュニティづくりを意図して支援を行ったり、さらに人材育成ですが、リーダーとなる地域の方々を発掘するなど、よりよい地域づくりを目指して取り組み始めています。

司会 今までの論議と少し観点が変わるかもしれませんが、今後特別支援学校を福祉避難所として位置づけてほしいという保護者からの要望を聞くことがありますが、この点、櫻田先生はどのようなご意見をお持ちでしょうか。

櫻田 福祉避難所といっても、対象は障害児・者だけではなくて、高齢者や乳幼児・妊産婦といろいろです。今、支援学校が福祉避難所になったときには、障害児については必要なものはある程度あると思いますが、ただそこにどういう学校としての強みと弱みがあるのかということを十分勘案していないと、福祉避難所としてやるにはハードルはかなり高いのではないかと私は思います。障害児・者を中心としてということであればいいのですが。

結局、ハード面として施設設備とか備品とかがどのくらい備わっているのかということと、それからソフト面として人的にどれだけの対応が可能なのかというふたつのことを考えなければいけないと思います。
　例えば石巻支援学校の場合、102名の教職員がいたのですが、最初に災害対策本部として［学校に］残したのは20数名でした。全員は出勤できないですから。また、あのとき子どもは［高等部の卒業式終了後で］いなかったのです。職員も自分の家庭のことが心配になって、全員を［学校に］残せばおそらくパニックになったと思います。全員がいるときに災害が起こることもあるだろうし、状況によっても非常に難しい。
　ですので、いろいろなことを勘案して人的な条件としてどのくらい対応できるのかとか、あるいはどういった地域性なのかとか、そういうことを勘案していないと、ハードルがかなり高いと思います。いろいろな地域の特性があって学校の特性もあるので、そのことを十分に勘案しなければならないのではないかと思うからです。
　［石巻支援学校の非難所運営は、地域の］自治組織が一緒になってやってくれたからできたんだと思います。県なり国としてこのくらい保障しますとか、シ ステムはこうですとかを示してもらえるのであればある程度考えられないことではないと思いますが、それを学校独自の力でとなると難しいのです。県だってそれほど予算はないので、そのハードルはかなり高い。それは、教員とも十分に話し、PTAとも話してやらなければならないだろうし、そのあたりは十分に検討しておかないと難しいと私は思います。設置基準のようなものを作ってもらえば一番よいのかもしれませんが、特別支援学校にはこういうものがなければだめだと、そういうふうに動いてくれるのであればやりやすいと思うのですが、学校の自助努力だけでは、いろいろ財政的にも苦しいのでなかなかハードルは高いのではないかと思います。

田中　その通りですね。

熊本　いろいろ国から出されるいい面とか、制度とかができてきましたよね。今おっしゃったように、支援学校が福祉避難所になったほうが良いという意見とか、あるいは合理的配慮もそうですし、障害者の差別禁止条約といった、障害のある人を守りましょうという理念だけはどんどん出てくるのですが、実際に具体的なものとなったときにただ手をこまねいているだけか、見ているだけで実現するものではないんだな、

とすごく感じることがあります。

おそらく、福祉避難所は市町村との契約、市町村が自分の地域内にある施設と契約をして福祉避難所としてやりますという取り決めをするのだと思いますが、例えば岩手の沿岸のほうの支援学校は県の施設だから市町村と契約をするとなると、いろいろと面倒なことがあるのだと思います。そうすると誰かが意識をもって、例えば自閉症の人たちが避難しなければいけないというときに、優先的にここにもう一つ福祉避難所を作ってくださいとか、支援学校を避難所として使わせてくださいということは、それを誰かが言わなければ実現しないものなんだなと強く感じています。

では、誰がやるかというときっと親だと思うのですが、私は自閉症協会の立場で言っていかなければ実現しないことはいっぱいあるのだと、つくづく感じますね。ちゃんと市町村の担当の方のところに行って、こういうときにはこういうふうにしてくださいと何回も何回もお願いしないと実現しないんだなと、そこの溝というかハードルを感じます。それは福祉避難所だけではなくて、いろいろなことがそうなんだろうと思います。

野澤 避難所マニュアルというものを仙台市は作成していますが、そのなかで要援助者に対する配慮ということで他と区切りをつけるスペースをつくるとか、新たな動きが出てきました。あとは、障害者の方のトイレであったりプライバシー確保のための手立てだったりとか、そういう動きもありますね。それからやはり教師の理解を深めること、そのための研修を行ったということもありました。特別支援教育総合研究所でつくった「震災後の子どもたちを支える教師のためのハンドブック〜発達障害のある子どもへの対応を中心に〜」を宮城県内のすべての学校に10部ずつ配ったのですが、教職員からは非常に参考になったという声がたくさんあがってきました。

あとは、障害をもったお子さんだけではなくて、通常の子どもたちも心の不安を抱えていましたから、仙台市教育委員会としては他県からの応援や国からの支援もありましたのでスクールカウンセラーの配置を進めました。仙台市の特徴は、そのときに障害のある子にも通常の子と一緒に支援をするという仕組みを作ったことです。障害のある子だけの支援ではなくて、他の子とまったく同じように心の支援としてかかわりをもったということ、それが効果的であったということがアンケー

トから分かってきました。こうしたことは今後とも進めていければいいかなと思います。

菅井 私が一緒に支援活動をしてきた小児科医が、患者として診ている重度の子どもさんの家庭を対象に調査をされました。「福祉避難所というものを知っていましたか」「要援護者に関する仕組みというものを知っていましたか」ということで調べてみたら、本当に皆さん知らなかったんですよ。私も福祉避難所というもの自体は知っていましたが、実際どこにあるのかは知らなかったのですが、実は地域の中にあるんですね。すでにそういう制度的なものはあるのだけれど、十分それが知られていない。だからこのような情報をきちんと伝えておくということをやっていかなければいけない、ということがひとつあると思います。

　もうひとつ私が思うのは、さっきトップダウンと言いましたが、石巻支援学校で櫻田先生が英断された、それであそこで避難が実現したということがありますよね。やはり災害時というのは、想定外のことが起こるわけですから、あまりにもシステムをがっちり固めすぎると、ここは福祉避難所ですということで一般の人が入れなくなったり、いろいろなことが起きてきます。

だから私は緊急時において学校のいいところというのは、こういう言い方をして良いのかどうか分かりませんが、校長の決定が効くというところだと思います。いわゆるもっと上部の組織、教育委員会になりますと命令系統がはっきりしているから必ず上の決済を通さなければ動けないということがありますが、学校はある意味で学校長がやると判断すれば動ける部分が結構ありますよね。その部分をきちんと残しておく必要があるのではないかということです。つまり、状況に応じてそのつど、その場の長が、今この場にふさわしいやり方はこうだといって動ける仕組みを残しておく必要があるのではないか。それをやるには逆に、学校の管理者の人たちが意識の高い人たちでなければ意味を持たないわけですが。

田中 そうですよね。

櫻田 防災教育を支えるための人材育成という話がありました。確かに実務担当者レベルで小・中・高校で防災主任を配置して、いろいろな研修をやってその成果というものは上がると思うのですが、私が一番やらなければならないと思うのは、校長の危機管理のマネジメントであると思うのです。校長の意識が変わらなければだめなんですよ、簡単に言うと。

というのは、学校というのは校長が替わるといろいろなことが変わる。実はそういう文化というか、こういうことがあるから、校長がどのくらい危機管理意識をもって組織的に具体的な計画とか、率先してリーダーシップを出してやっていくかということが実はものすごく大事なのではないかと、私は退職して今思っています。

交流および共同学習も、高い意識の小・中学校の校長先生だと話が進むのですが、特別支援学校から働きかけても、なかなかそこの壁が厚いと進まないというのは実はあるのです。ですから、共生社会という大きなテーマを含めて、危機管理も含めて、校長がいかに障害のある子どもたちのずっと将来も見据えながら、どう命を守っていくのかと、今何が必要なのかと、学校で何ができるのかと、そういうすべてにわたる危機管理意識、能力を高めるような研修というものをシステム的に作っていかないと、なかなか〝震災は大変だったね″と言うだけで、何も残らないというか、その仕組みをどう作るかということが今とっても大事なのではないかと私は思います。

野澤 菅井先生が言われるように、本当に、その場の校長の判断というもので明暗が分かれまして、実は「暗」のほうはあまり外に出てこない。大事なのは、管理職の人材育成、正しい判断をできるような人材を育成できるかということが実は非常に大事なことです。

司会 最後にとても貴重な話が出ましたが、時間になりましたのでこのあたりで締めたいと思います。ありがとうございました。

[ ]内は編者が補記。

おわりに

　本書の企画段階における執筆者の選定や、原稿編集、出版社決定に至るまでのもろもろの過程で何度も困難に直面しつつ、なんとか出版にたどり着くことができた。ひとえに、貴重な時間を割いてくださった執筆者の方々、座談会にてご発言くださった方々のお蔭である。そして、すでに類書が数多く出版されるなか、本書の独自の意義を認めてくださった慶應義塾大学出版会にも心から御礼を申し上げる。
　ここに、「おわりに」として、極めて個人的な思いを記すことをお許し願いたい。

＊　　＊

　わたしは、関西に生まれ育った。乳児期から高校生までは、宝塚・西宮界隈で過ごした。幼い頃、旅館を経営していた祖母にお小遣いをもらい、祖父と一緒に神戸の街を歩いた。元町には、まだ海兵が闊歩し、横文字看板の店舗がそここにあった。ベトナムに爆弾の雨が降っていた時期でもあった。中華街の独特のにおいや、元町も西に進めばやがて寂れた通りになって、米軍放出品屋や古本屋が並んでいたことを、今も鮮明に覚えている。繁華街の喧噪よりもこういった少し薄暗い通りの記憶のほうが鮮明なのはなぜかわからない。あまりに多すぎる人の往来よりも、軒先でのんびりと煙草をふかしている老人や、立ち止まって英語で議論している図体の大きな男たち、暗い顔の店員といった、個体認識がしやすい状況のほうがどこか安心できたようにも思う。何度か通ううちに、店員（らしき人）とたわいもない話をするようになって、ますます、そこへの帰属感が強まっていった。思い出はほとんどが具体的な人との出会いに彩られている。今でも、神戸の街はわたしにとって、大切な故郷のひとつである。

仙台に暮らすようになり、これまでの歩みを振り返るとすでに関西での暮らしより仙台での暮らしのほうが長くなった。いまや仙台が我が街であり、ここでもたくさんの人と出会い、今もたくさんの人とのつながりの中で生きている。ここ仙台で暮らす中で、わたしは二つの震災を体験することになった。
　1995年1月17日に、わたしは教員として宮城県の盲学校に勤務していた。朝のニュースで神戸に震災が発生したことは知ってはいたが、出勤する頃までにはまだ詳細が報道されていなかった。わたしのかつての居住地も含めて神戸全体が相当な被害を受けていることを知ったのは、昼過ぎぐらいであったと思う。校長の命もあって、わたしはすぐに伊丹に飛び、伊丹から宝塚まで持参した折りたたみ自転車で走行して実家にたどり着いた。実家に一人でいた母の無事を確認すると、すぐに近所を歩いて回り、その惨状を目の当たりにした。それから数日は繰り返し給水車から水を運んだ記憶が生々しい。神戸まで足をのばしたのはずっと後になるが、わたしが好きだった店や、懐かしい通りは見る影もなくなっていた。わたしにとって、第一の喪失体験である。

　そして、2011年3月11日、この日もわたしは盲学校にいた。東京の盲学校訪問日であった。児童生徒と一緒に校庭に出て、しばらく揺れが収まるのを待ち、それから急いで帰宅の途についたが、すでに東京全域が交通麻痺とパニック状態になっていた。数日足止めをされ、結局、新潟経由で仙台に戻ることになった。仙台の街はライフラインこそ停止していたが、街並みはほぼそのままだった。車を駆って沿岸部に行ったとき、わたしは目の前の光景を見て、完全に言葉を失った。そこにあったのは、まさにカタストロフそのものであった。第二の喪失体験である。
　阪神・淡路大震災の時、恥ずかしいことに、わたしには自分の家族と近隣の友人・知人のことだけを考えた。何人もの知人の死去の報に触れて、すっかり寂寞の念にとらわれてしまった。テレビ映像に映る街並み

の崩壊は、自分自身の過去を無理矢理に奪い去ってしまうようなある種の痛みをもたらした。知人の喪失に加えて、人との思い出を彩る風景の喪失である。そして失ったものは還ってこない。それが分かったからかどうか、東日本大震災直後に、もう感傷には浸っていない自分に出会うことができた。気がついたら、石巻をはじめいろいろなところへ足を運び、助け合う人々に出会い、互助・共助の波に連帯している自分がいたという感じである。自分自身の日常がストップしていたということも大きい。勤務先の大学は連休が明ける頃まで実質的に機能停止していたし、通常なら連日のように襲いくる仕事のメールもほとんど来なかった。だからかえって解放されていたともいえる。

　どこへ向かって動いていくかも、あまり考えなかった。すぐに浮かんだのが、日頃からかかわりのある子どもたちとその家族であったから、むしろ状況に呼び出されるようにして、出向いていった。その時は意識していなかったが、動き出すにつれて、阪神・淡路大震災のときに動かなかった自分への免罪を意識し始めていたように思う。

　活動するなかで、感じたことや知り得たことをもっと広く世間に、否、せめて障害児・者支援の関係者に知らしめたいと思うようになり、依頼を受けては講演や執筆をすることになった。その過程で、たとえば重症児のケアについて阪神・淡路大震災での体験を元にまとめられた資料の存在を知ったり、すでにたくさんの知恵と経験が語られていたことも知った。それら資料の中に、すでに今回の自分たちの学びのエッセンスが整理されていることも知った。少なからずショックでもあった。阪神・淡路大震災であれほど悲惨な経験をしながらも、何も学んでいなかった自分たちの姿をつきつけられた気がした。このことは自分個人に限ったことではない。あえて言えば、障害のある子どもたちにかかわるわたしたちすべてが、過去から大事なことを学ばないでいた、あるいは気づけないでいたのではなかったか。

　　　　　　　＊　　　＊

　東日本大震災の経験から学ばされたことについて、すでに多くの知見が出版され、今も各地で語り継がれてもいる。けれども、やがてそれらは風化していく。やむを得ないことではあるが、これからできること、そして、わたしたちにできることのひとつは、忘却とのたたかいではないか。あの悲惨な体験と取り返しのつかないことと引き替えに、わたしたちは多くのことを学び、かつ経験化した。それらを当事者の思い出の中にだけ留め置くことはあってはならない。川住隆一先生、田中真理先生から、特別支援教育と震災の経験について出版したいとのお誘いを受けたとき、わたしがすぐに了承して編集に加わることにしたのは、上記のような背景があってのことである。

　本書が、関係者のみならず、関心をもってくださるすべての方々の忘却との対決に、ひそかなたすけになることを願ってやまない。言うまでもなく、特別支援教育という領域はまだまだ少数者の問題であって、メインストリームからの距離は遠い。2016年から始まる障害者差別解消法の効果がどれほどのものになるか、まだ予想もできないが、共生社会に向けたインクルーシブ教育は、その長い道のりの緒に就いたばかりである。この道を行く人は、この震災からの学びを携えていかなければならないと、私たち編者は堅く信じている。

2016年3月

菅井裕行

執筆者紹介 （＊は編著者）

梅田真理（うめだまり）　国立特別支援教育総合研究所総括研究員
（2016年4月より宮城学院女子大学教授）　第3章

片岡明恵（かたおかあきえ）　宮城県教育庁特別支援教育室主幹　第5章

川住隆一（かわすみりゅういち）＊　東北大学大学院教育学研究科教授　第1章第2節、座談会
（2016年4月より東北福祉大学教育学部教授）

菊地秀敏（きくちひでとし）　仙台市片平市民センター・片平児童館館長
　　第1章第1節

熊本葉一（くまもとよういち）　NPO法人いわて発達障害サポートセンターえぇ町つくり隊代表
二戸市立福岡小学校教諭　第9章、座談会

櫻田　博（さくらだひろし）　前宮城県立拓桃支援学校校長　第6章、座談会

佐藤　智（さとうさとし）　福島県立郡山養護学校教諭　第7章第2節

佐藤　登（さとうのぼる）　福島県立会津養護学校教頭　第7章第1節

菅井裕行（すがいひろゆき）＊　宮城教育大学教育学部教授　第2章、座談会

田中真理（たなかまり）＊　九州大学教授　序章、座談会

中村雅彦（なかむらまさひこ）　福島県点字図書館長　第8章

野澤令照（のざわよしてる）　宮城教育大学教育復興支援センター副センター長
　　座談会

安田まき子（やすだまきこ）　仙台市立鶴谷特別支援学校校長　第4章

編者紹介

田中真理（たなか　まり）
九州大学教授。博士（教育心理学）。専門は発達臨床心理学。
九州大学大学院教育学研究科博士後期課程単位取得退学。静岡大学大学院人文社会科学研究科助教授、東北大学大学院教育学研究科教授などを経て現職。
著書に『東日本大震災と社会教育』（共著、国土社、2012年）、『思春期・青年期の発達障害者が「自分らしく生きる」ための支援』（共編著、金子書房、2013年）など。

川住隆一（かわすみ　りゅういち）
東北大学大学院教育学研究科教授。博士（教育学）。専門は発達障害学。
東北大学大学院教育学研究科博士後期課程単位取得退学。国立特殊教育総合研究所（現国立特別支援教育総合研究所）重複障害教育研究部主任研究官、文部省在外研究員（ノルウェー特殊教育研究所、バーミンガム大学学校教育学部）、国立特殊教育総合研究所重複障害教育研究部第三研究室室長などを経て現職。（2016年4月より東北福祉大学教育学部教授）
著書に『生命活動が脆弱な重度・重複障害児への教育的対応に関する実践的研究』（風間書房、1999年）、『東北大学教育ネットワークによる障害児教育の相談室』（共著、ミネルヴァ書房、2000年）、『発達障害医学の進歩 No.19』（共著、診断と治療社、2007年）など。

菅井裕行（すがい　ひろゆき）
宮城教育大学教育学部教授。博士（教育学）。専門は教育心理・特別支援教育・コミュニティ心理学。
東北大学大学院教育学研究科博士後期課程修了。宮城県立養護学校・盲学校教諭、国立特殊教育総合研究所（現国立特別支援教育総合研究所）重複障害教育研究部主任研究官、教育相談センター主任研究官、文部省在外研究員（ロンドン大学教育研究所、ボストンカレッジ）などを経て現職。
著書に『東北大学教育ネットワークによる障害児教育の相談室』（共著、ミネルヴァ書房、2000年）、『重症児者の防災ハンドブック』（共著、クリエイツかもがわ、2012年）、『はじめての特別支援教育』（共著、有斐閣、2014年）など。

東日本大震災と特別支援教育
――共生社会にむけた防災教育を

2016年3月31日　初版第1刷発行

編　者─────田中真理・川住隆一・菅井裕行
発行者─────古屋正博
発行所─────慶應義塾大学出版会株式会社
　　　　　　　〒108-8346　東京都港区三田2-19-30
　　　　　　　TEL〔編集部〕03-3451-0931
　　　　　　　　　〔営業部〕03-3451-3584〈ご注文〉
　　　　　　　　　〔　〃　〕03-3451-6926
　　　　　　　FAX〔営業部〕03-3451-3122
　　　　　　　振替00190-8-155497
　　　　　　　http://www.keio-up.co.jp/
装　丁─────巖谷純介
組　版─────株式会社キャップス
印刷・製本───中央精版印刷株式会社
カバー印刷───株式会社太平印刷社

©2016 Mari Tanaka, Ryuichi Kawasumi, Hiroyuki Sugai
Printed in Japan　ISBN 978-4-7664-2323-5

慶應義塾大学出版会

肢体不自由教育シリーズ〈全4巻〉
日本肢体不自由教育研究会 監修

肢体不自由教育について、実践的で専門性を兼ね備えた手引書。長年の実践研究を積み上げてきた日本肢体不自由教育研究会と、肢体不自由教育をリードする執筆陣が、各テーマにそって解説する。

1 肢体不自由教育の基本とその展開
徳永豊・早坂方志 編　特別支援教育を前提に、肢体不自由教育で特に必要な知識、指導の考え方、指導内容など、基本を解説。重複障害の増加と個々の教育的ニーズにも対応。また、動作法、作業療法や音楽療法などについても紹介する。　◎2200円

2 コミュニケーションの支援と授業づくり
徳永豊・渡邉章・早坂方志 編　肢体不自由教育での授業づくりでは、子どもと教員、子ども同士でのやりとりなど、コミュニケーションの進展をいかに図るかが基本となる。コミュニケーションの考え方とその工夫を分かりやすく紹介し、さらに日々の授業改善に役立つ理論と実践について具体的に解説する。　◎2200円

3 これからの健康管理と医療的ケア
飯野順子・阿部晴美・徳永豊 編　障害の重度・重複化にともない、療育・健康に関する指導も大切な点となってきている。医療的ケアや健康管理の教育的意義をどうとらえ、実践していけばよいのか。健康の保持・増進を図るための知識と、医師・看護師・養護教諭等との連携のあり方などを解説する。　◎2200円

4 専門性向上につなげる授業の評価・改善
村田茂・早坂方志・徳永豊・渡邉章 編　平成21年3月告示の特別支援学校学習指導要領をふまえて、教育課程編成の要点と、自立活動を中心に解説。先進的な実践報告と、実践研究のまとめ方について解説し、障害児教育でのキャリアアップと、日々の授業力の向上に役立つ書。　◎2200円

表示価格は刊行時の本体価格（税別）です。

慶應義塾大学出版会

障害の重い子どもの目標設定ガイド
授業における「学習到達度チェックリスト」の活用

徳永豊 編著　知的障害などで学ぶことの困難さが大きい子どもの学習評価の画期的ツールである「学習到達度チェックリスト」の仕組み，具体的な活用方法，実践事例を解説。本書を購入すると「学習到達度チェックリスト」等をダウンロードし使用できる。　　　　　　　　　　　　　　　　　　　　　　　　　◎1000円

重度・重複障害児の対人相互交渉における共同注意
コミュニケーション行動の基盤について

徳永豊 著　乳幼児が獲得する「共同注意」の形成までを「三項関係形成モデル」として示し、障害が重度な子どもの事例研究によって、「自分の理解」や「他者への働きかけ」「対象物の操作」の発達の筋道を示す。　　　　　　　　　　◎3600円

動作法ハンドブック　基礎編〈改訂版〉
初心者のための技法入門

大野清志・村田茂 編　1993年発行の『動作法ハンドブック─初心者のための技法入門』の改訂版。脳性まひの子どもについて、動作の改善のために開発された「動作法」訓練を実践する人のために、豊富なイラストで解説。　　　◎2400円

動作法ハンドブック　応用編
行動問題、心の健康、スポーツへの技法適用

大野清志・村田茂 監修　脳性まひの子どもの動作改善のために開発された「動作法」を、行動問題の改善やスポーツ技能の向上などに応用した技法書。脳性まひ児だけでなく、一般の人が健康な日常生活を過ごすために効果のある動作法を紹介。◎3000円

子どものこころと体シリーズ
発達障害の疑問に答える

黒木俊秀 編著　「発達障害とは何か」「診断と治療」「保育園・幼稚園や学校での対応」「当事者や保護者・きょうだいへの配慮」と、大切なポイントに焦点を当てて、臨床・研究や支援に関わる第一人者がわかりやすく解説。　　◎1700円

表示価格は刊行時の本体価格（税別）です。

慶應義塾大学出版会

子どもの育ちを教育・心理・医学から探る

月刊 教育と医学

毎月27日発行
教育と医学の会 編集

●**質の高い内容を、分かりやすく**
　第一線の執筆陣が、専門領域外の読者にも分かるように執筆しているので、最高の内容を分かりやすく読むことができます。

●**多角的に論じる**
　教育学、医学、心理学、社会学などの研究者と、教育・福祉・看護の現場の方々が、各テーマについて多角的に論じます。

●**発達障害・特別支援教育についての定評**
　日本の第一線の研究者・臨床家が、最新の情報を提供し、定評を得ています。

最近の特集テーマから ……………………………………
　特集1・「不登校」をとらえなおす／特集2・震災から3年の子どものメンタルヘルス
　特集1・新学期の適応をめぐって／特集2・子どもの「食行動」を考える
　特集1・子どもの学習意欲を高める／特集2・障害のある子どもの教育と「合理的配慮」
　特集1・子ども援助職のバーンアウト／特集2・特別支援教育における医療的ケア
　特集1・子どもの摂食障害／特集2・子どもの困ったクセ
　特集1・障害者が働くことへのチャレンジ／特集2・公認心理師への期待と課題

●メルマガ「教育と医学」(無料)配信中！
　誌面に載りきらなかった情報など、「教育と医学」を読んでいる人にも、まだこれからという人にも役立つ情報が満載。ぜひ、当社ホームページからお申込みください。
　http://www.keio-up.co.jp/kmlmaga.html

▼A5判 88頁 定価 740円(税込)
▼定期購読は1年12冊分8200円(税・送料込。発行所直接発送)

※価格は、2016年4月現在。今後、価格の改定を行うこともあります。